(SECOND EDITION)
PRACTICAL

实用外贸技巧助你轻松拿订单（第二版）

王陶（波锅涅）著

TOOLKIT OF INTERNATIONAL TRADE

·高手外贸思维模式+技巧·成交大订单必备指南·

解决迫在眉睫的外贸实操难题

中国海关出版社

图书在版编目（CIP）数据

实用外贸技巧助你轻松拿订单/王陶著．—2 版．—北京：中国海关出版社，2015.7

ISBN 978-7-5175-0072-8

Ⅰ.①实… Ⅱ.①王… Ⅲ.①国际贸易—市场营销学 Ⅳ.①F740.2

中国版本图书馆 CIP 数据核字（2015）第 114036 号

实用外贸技巧助你轻松拿订单（第二版）

SHIYONG WAIMAO JIQIAO ZHUNI QINGSONG NADINGDAN（DI ER BAN）

作　　者：王陶（波锅涅）
策划编辑：马　超
责任编辑：郭　坤
助理编辑：胡佳辰
责任监制：王岫岩　赵　宇
出版发行：中国海关出版社
社　　址：北京市朝阳区东四环南路甲 1 号　　邮政编码：100023
　　　　　中国海关出版信息大楼 6 层
网　　址：www.hgcbs.com.cn；www.hgbookvip.com
编 辑 部：01065194242－7554（电话）　　01065194234（传真）
发 行 部：01065194221/38/46/27（电话）　　01065194233（传真）
社办书店：01065195616/5127（电话/传真）　　01065194262/63（邮购电话）
印　　刷：北京新华印刷有限公司　　经　　销：新华书店
开　　本：710mm×1000mm　1/16
印　　张：14　　字　　数：206 千字
版　　次：2015 年 7 月第 2 版
印　　次：2017 年 2 月第 2 次印刷
书　　号：ISBN 978-7-5175-0072-8
定　　价：30.00 元

第二版序言

The prepace of the second edition

非常荣幸我写的拙作能发行第二版，首先我想感谢各位热忱读者的大力支持和出版社每位工作人员付出的辛勤劳动，在此我向你们深鞠一躬，谢谢！

在本书的第一版面世以来，我个人认为该书的主旨是如下理念：

勤奋认真的工作态度，
孜孜不倦的探索精神，
求真务实的做人原则，
灵活敏锐的职业洞察，
成就自己的外贸人生！

应广大读者的反馈，出版社同志的要求，结合我与其他外贸人员交流的亲身体会，在这第二版中体现了更完整的外贸流程，更健全的思维模式，以及更全面的外贸技巧。

亲爱的朋友，如果你想成就自己的外贸人生，首先请你摒弃身上一切不合时宜的坏毛病。有许多刚入行的外贸新朋友有一些不良的积习，比如对眼前的工作、生活欲望太多，对自己不够诚实。“清空你的杯子，方能再行注满！”这是武术技击家、武术哲学家、著名华人武打演员、武道变革先驱者和截拳道之父李小龙的名言之一。唯有倒空自己，才能不断超越自我！倒空，才能注满，才能拥有整个世界！

如果你是有一定外贸基础的业务员，我觉得你的工作不妨秉承在商言商的原则，切实地用自己的内心去领悟这四个字，结合生活、工作中的点滴去感悟它，尝试它，接受它。如果你思考问题的出发点始终围绕这个中心，那么不久之后我想你就会尝到其中的甜头。如果你同时还是一位热爱阅读的朋友，那么请你在闲暇时不妨尝试读一些哲学类的书籍，哲学不是超凡脱俗的学问，而是对生活的感悟。它是思维知识的概括和总结，是世界观和方法论的统一。了解一定的哲学知识对于你成为一名外贸老鸟，以及以后思维的再提升和系统化帮助很大。

唯有真真切切热爱生活的人，才能征服一切困难达到胜利的彼岸！

让我们共勉！

王陶

2015 年 4 月 13 日于宁波

序言

Preface

根据本人带新外贸业务员的经验，强烈推荐读者在阅读本书的同时，务必做到“思考＋实践＋回头总结”，我相信当你读完本书以后，会对外贸业务员工作中的方法技巧了如指掌。

作为一个刚入门的新外贸业务员，面对外贸业务员工作流程表（见后），最让人头痛的就是找客户和如何联系、维护客户并让客户下单。本书的主要目的就是帮助大家打开思路去找客户，特别是利用免费资源，同时用邮件精确地表达自己的意愿、解释问题、排除客户的困扰，使客户下单。另外，本书也附带提到一些收集外贸信息、情报的方法，有助你时刻把握市场的脉搏，争取做大单和做项目。随着经济实力的提高和经验的积累，人人都有机会自己做老板。以下内容是不得不提的一些前提工作，请大家耐心看看。

一、基础外贸知识

（一）常用贸易术语

1. FOB

白话：货送到出货的港口进舱，你就没事了，所以如果有内陆运输费是计算价格时需要考虑的，后面跟出货港口的名称。

变形：FOBC %，C 表示佣金率，如：FOBC 5% SHANGHAI USD3.0/PC

2. CFR（C&F，CNF）

白话：如上的 FOB 价格加上你从货代那里问来的到目的地的海运价

格，后面跟目的港的名称。

变形：CFRC %，C 表示佣金率，如：CFRC 5% LONG BEACH USD3.0/PC

3. CIF

白话：如上的 CFR 价格加上保险费用，这个费用没有多少钱（一般千分之几，为了简省通常都是货代代办），后面跟目的港的名称。

变形：CIFC %，C 表示佣金率，如：CIFC 5% LONG BEACH USD3.0/PC

★ 注：报欧元等其他货币时，修改后面就好了，如：CIFC 5% LONG BEACH EUR3.0/PC

（二）商品的质量、数量、包装

这些基本知识在生意场上是非常重要的。具体到产品的品种、规格、款式、材料、性能、特点、用途等。对于买方，如果卖方对自己经营的产品不专业，买方就很容易对卖方丧失信心，从而失去成交的机会。

（三）单证

关于各种单证的具体内容，在其他很多外贸书籍中有详细的阐述和实例。虽然有专门的外贸单证员这个职位，但是我认为作为一个专业的外贸业务员，还是应该具备独立操作单证的能力。总之一句话：做单证务必仔细，仔细，再仔细！

（四）报价

FOB 价格＝工厂报给你的到出货港口进仓的含税价格× 你想报的利润÷当天汇率

例 1 工厂上海进仓含税价格：RMB3.40/PC，汇率：6.81，如果除了退税，你想再报 5%的利润，那么价格计算如下：

3.40 × 1.05 ÷ 6.81 ＝ $0.524/PC，即 FOB SHANGHAI USD0.524/PC

★ 重要知识点：出口退税

出口退税金额＝工厂报给你的到出货港口进仓的含税价格×该产品的出口退税率÷1.17（通常是 17%的增值税）

例 2 还是用上面例 1 的数据，假如该产品的出口退税率是 13%，那么该产品的出口退税金额如下：

3.40×0.13÷1.17=￥0.378/PC

★ 由如上的计算可以看出该产品的出口利润不是简单的：13%+5%=18%，**而是**<18%。

如果含有给客户5%的佣金，那么报价就是在FOB报价的基础上乘以1.05即可。

CFR价格=工厂报给你的到出货港口进仓的含税价格× 你想报的利润÷当天汇率 + 货代给你的从发货港（或工厂）到目的地的美金价格（包括杂费）÷出货产品数量

CIF价格=工厂报给你的到出货港口进仓的含税价格× 你想报的利润÷当天汇率 + 货代给你的从发货港（或工厂）到目的地的美金价格（包括杂费和保险费）÷出货产品数量

★ 注：其实真正计算出的数值，CFR价格和CIF价格相差不大。

▲ 付款方式：做生意的目的就是合法地赚取利润，做没有利润和风险很大的生意是没有意义的事情。具体到外贸业务员的工作，其实就是收款的压力，所以我坚持如下的付款方式：

100% TT in advance

50% TT in advance+50% TT the balance against B/L copy

30% TT in advance+70% TT the balance against B/L copy

100% L÷C at sight

对于那些有诚信的，做了多年的老客户，我的付款方式也是：

100% TT before shipment 或者 100% TT against B÷L copy

总之，要尽量规避风险，选择对自己有利的付款方式。宁可不做这单生意，也不要使用对自己不利的付款方式。我想，没有生意人愿意总是面对亏钱的风险。还好，外贸生意是建立在诚信的基础上，内销的三角债的情况比较少见。

二、基本办公软件及相关知识的掌握

邮件客户端，如Outlook、Foxmail、Dreammail等，你必须掌握这些客户端软件的安装、调试以及使用方法。为了提高工作效率，外贸业务员收发、转发邮件通常都不会打开IE网页，因为这么做效率太低。

在Office办公软件中：Word要求会图文混排，以及利用其他软件把

Word 文档转换成 PDF 格式的文档；Excel 要求会加减乘除，求和等简单函数式的使用，提高工作效率；Powerpoint 要学会制作幻灯片。在和客户见面时，结合幻灯片口头解说公司概况、生产能力和产品详情，会让客户感觉非常直观，能够让客户详尽地了解我方情况，对促成合作意向是有正作用力的。

Photoshop 要求会调整图片、剪切图片、增加标注、修改背景等简单的操作，以方便工作需要。

Yahoo 相册要会上传图片的操作，这样方便展示给客户或满足其他工作需要。如果你会简单的视频剪辑、编辑工作那就更棒了。

在业余时间充裕的情况下，建议外贸人可以了解、学习一下色彩、平面设计、广告设计和审美情趣方面的知识。因为随着业务员人数的不断增加，你有可能自己开公司，你需要设计自己的样本册、名片、企业 LOGO 等，这些就需要如上提到的这些知识。哈哈，看来这个社会需要的是复合型人才。做外贸，如果你是个复合型人才，就可以在工作之初大大节省你的人力成本，提高工作的效率，宏观上来说可以让你自己的知识体系更加多姿多彩；和朋友、客人交流的时候，能让人时时感受到你与众不同的文化素养，我想这对促成业务也是有所帮助的。

三、做个合格的外贸业务员需要修身

一个合格的外贸业务员除了具备过硬的外贸专业知识外，个人修养同样非常重要。虽然我们每天面对的是电脑，但实际上我们是在和人打交道。不少新手不知道哪些地方会涉及一个人的修养，比如和客户打电话，与客户见面时的合适的穿着打扮、优雅的言谈举止、良好的商务礼仪等都能彰显出一个人的素质、涵养及人格魅力，而和一个有素质和涵养的人打交道是多么惬意的事情，对于外贸业务员来说，具备这方面的修养对于事业的成功是良好的催化剂。关于这方面的书籍、视频讲座非常多，闲暇时，建议大家学习完善一下。

四、外贸业务员的心态

做外贸不是一蹴而就的事情，每个成功的外贸人要具备足够的耐心和毅力。做外贸业务是个持久战，是长期积累的过程。做外贸推销产品给客

户是一个主动销售的过程，而不是被动的守株待兔。

骄者必败，我想这是众人皆知的道理。虽然我还没有看到过很骄傲的外贸业务员，但是心浮气躁的情况就比较普遍了。有为数不少的业务员新手，在工作一段时间后如果没有出成绩，简言说没有订单，就很容易气馁，提不起精神，不知道该做什么，直至最后放弃了。如同《士兵突击》里面吴哲的口头禅“平常心，平常心”一样，其实我们做外贸业务员也必须保持一颗平常心。你在做外贸业务的同时，别人也在做，也在努力，你要面对国内和国外的竞争者，但是选择权在客户手里。因此，你要做的就是在竞争者中脱颖而出。坚持！客户会眷顾你的！

（一）“杂货店理论”

很多外贸新手问我，×××产品我能做吗？我会说别人都能做，你为什么不能做？然后新手又会考虑到很多现实问题，比如竞争激烈、别人已经有了稳定的客户，等等。这里我想举如下这个例子，也是生活中常见的。

大家知道每个城市的老小区内都有至少两家以上的小杂货店，销售各种日常生活用品和烟酒副食品。通常不会因为有某一家杂货店的存在，其他人就不敢开店或者其他店就倒闭了。一般情况下，由于经营理念和服务的好坏导致某家生意好些，某家生意差些。外贸业务也是一样的，不会因为别人做了某类产品，你就不能涉足，只会因为外贸知识的专业度，英语听说能力的熟练度，对经营产品了解的深度，以及服务的优势差异，而造成业务量的差异。当然后入门的外贸业务员必须更加努力，更有耐心，注意自己工作的方式方法，这样才能稳步提高业务量。

（二）“平台期”

随着时间的推移，每个人的经济状况、外贸业务量、社会经验、生活状态等都不是线性递增的，而是上升，平台，再上升，再平台的上升方式。如下图。

图释：

横轴——时间。

纵轴——上升量，囊括了个人外贸业务量、收入、外贸经验、社会经验、生活状态等各个方面。

由上图我们不难看出大致规律，在业务初期，上升期和平台期的时间

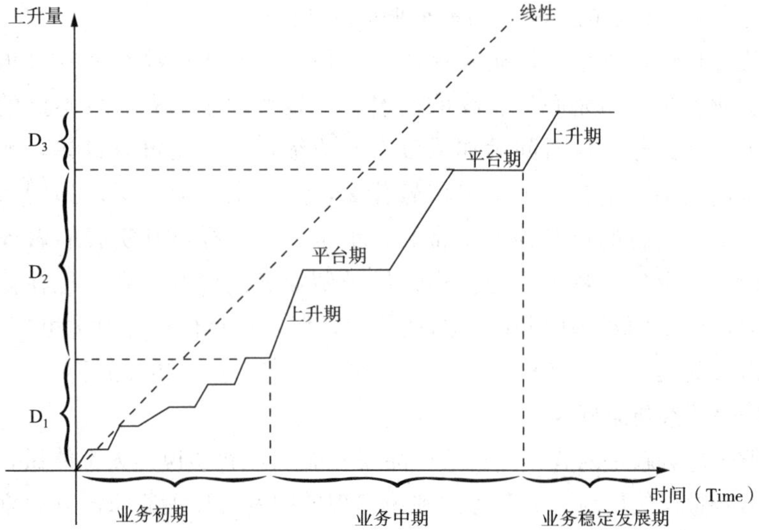

都比较短，上升量值小，那是因为在业务初期，一切都是新的开始，所以上升得快，但是因为经验的不足，所以难以发现各种问题，平台期很多；在业务中期，随着对业务的不断深入和熟悉，上升期拉长，考虑问题全面了，碰到的大方向、大问题的概率出现了，所以平台期的时间也相应拉长了；再之后就是业务稳定发展期，但是一样是上升，平台，再上升，再平台的过程。

比如，对于新外贸业务员最常见的问题是在一段时间内找不到客户，但是只要你继续做你该做的工作，一段时间以后，你会发现又可以找到不少客户，如此反复，这就是上升，平台，再上升，再平台的过程。外贸工作的所有方面基本都符合这个规律，因此当一个外贸业务员处于平台期时，请务必保持平和的心态，戒骄戒躁，蓄势待发；过了这段时间一切又会上正轨。当处于上升期时，就要义无反顾地往前冲。

五、连续不断地学习和充电

有位业务员经常问我一些外贸方面的知识，我当场作答后，他总是会冷不丁地冒出来一句“太厉害了，这你也知道”，而我的回答永远是：“这不是说明我厉害，而是说明你的知识太匮乏。”

一个人如果想不断地进步和成功，坚持不懈的学习和充电的重要性是不言而喻的。对于外贸业务员而言，学习主要集中在对产品的深度了解、剖析，对外贸专业知识的熟悉和灵活应用，外语水平的锻炼和实践以及个人素质修养的提高。

附上以下励志警句，与大家共勉。

Love every day.

Respect every day.

Work hard every day.

Become smarter，kinder and stronger every day.

Every day is a chance to improve yourself.

Every day is a chance to grow.

Make the most of every single day.

六、工厂学习的必要性和工厂工作经历的重要性

有不少新手对于去工厂学习的必要性有认识上的误区，觉得工厂学习工作脏、累、差、枯燥、机械和无聊，以后工作中也不一定用得到。殊不知在工厂学习了解产品是做好外贸业务的前提和基础，找客户，联系客户下单、出货等事宜都是其上层建筑。如果基础都没有打好，外贸业务能做好吗？

我们具体应该做到哪些方面呢？

1. 产品的生产流程（从原材料到成品）必须熟知。

2. 成品的质量检测程序和方法必须非常熟悉。

★ 3. 产品存在质量缺陷等问题的合理解释和处理方法。

4. 新产品开发时，能给客户提供合理化建议。

★ 注：这里比较考验人的是，是否能将如上内容用英语合理、专业、简洁、正确地表达给客户。

七、纯外贸公司和SOHO的生存空间讨论

很多新手受报纸、杂志、电视等媒体的影响，主观认为在经济形势不景气的情况下，很多工厂效益不好，而对于外贸公司和SOHO一族来说，主要的挑战就是工厂比外贸公司更低的价格。但是我坚信纯外贸公司和SOHO的生存空间依然很大。

具体原因如下：

1. 虽然一般工厂的价格都比外贸公司和 SOHO 的低，但是外贸公司和 SOHO 可以通过货比三家寻找到性价比较好的工厂，反复地议价，进而从工厂拿到比较低的价格，给自己留出利润空间。

2. 有的工厂由于质量、交货期等方面控制不好，容易导致流失客户。其实外贸公司实际上就是中间商。一方面，外贸公司和 SOHO 有义务帮助客户控制好产品的质量和交货期，和工厂签订购货合同；另一方面，一旦在前期考察工厂的时候发现工厂有任何容易导致产品质量、交货期等出现问题的地方，外贸公司和 SOHO 便可以灵活地转换供应商。这点是工厂做不到的。

3. 还有，当工厂已经满负荷生产的时候，就是有新的订单送上门也做不了。外贸公司就没有这个问题，可以“化整为零”，由多个工厂来生产客户的订单。这就是外贸公司的优势。

4. 通过我的观察，发现中国大多数做 OEM（贴牌）的工厂，通常对国内和国际市场的产品变化信息摄取十分有限；相反外贸公司因为工作性质的原因，基本都是和客户直接打交道，这样对市场信息的获取、客户的开拓都是很有利的，容易赚到“第一桶金”。

综上所述，本书主要针对外贸业务员在寻找客户、获取订单的过程中存在的普遍问题，展开深入浅出的详尽剖析，力求将外贸业务中最精华的内容展现给读者。同时，也对外贸业务员的远景规划提出些意见和思考点供大家参考。

如同去年的电影大片“THE ISLAND”（《逃出克隆岛》）中的克隆人一样，一般大家学习的外贸实务等知识只是构建一个人的骨骼，而这本书更像是丰满人的血肉，使之成为“活物”。

如果书中有任何偏颇或错误，欢迎批评指正。

编者

2010 年 3 月

目录 Contents

第一章
掌握技巧，外贸英语其实可以很简单

做外贸对英语的基本要求是具备听、说、读、写的能力。至于四、六级证书，本人主观认为那不是评判一个人英语水平的标准。听，要做到老外说什么能明白；说，即在打电话或面对面交谈时，做到无语病且能够简洁地表达，使客户能听懂；读，主要是指能看懂客户的邮件，读懂相关的少量专业资料；写，指能自如、简洁无误地和客户用邮件进行沟通。这一章内容，主要是在外贸业务中能用到的外贸专业词汇、句型和一些提高英语水平的方法。

第一节　外贸专业词汇要牢记

我们在做外贸业务的过程中，要特别注意搜集外贸邮件中或者和客户交谈中频繁使用的商贸专业词汇。注意这里所说的外贸专业词汇不是指所做产品的英语专业词汇。

这里仅摘录我所搜集的外贸专业词汇供参考：

articulate	清晰明白地说 v.
affluent	丰富的，富裕的 adj.
assessment	估价 n.
appendix	附录，附属品 n.
appealing	吸引人的，哀求似的，恳求似的 adj.
acquisition	获得，获得物 n.
alter	改变 v.
boost	推进 v.
binder	包扎工，装订者 n.
broadband	宽带 n.
breakthrough	突破 n.
barring	除非，不包括 prep.
blindside	盲目跟随 v.
contribute	捐献，捐助，贡献，投稿
cook up	虚构，伪造
consolidation	巩固，合并 n.
critical	评论的，批评的，危急的 adj.
cohesive	黏着的 adj.
coherent	黏在一起的，一致的，连贯的 adj.
convey	搬运，传送，转让 v.
deteriorate	使恶化 v.
diminish	使变小，使减小 v.
deploy	展开，配置 v.
distinction	区别，差别，特征 n.
explicit	外在的，清楚的，直率的 adj.
entrenched	确定的，不容易改的 adj.
eventually	最后，终于 adv.
enumerate	列举 v.

encounter	遭遇，遇到，相遇 v.
integrate	使成整体，一体化，结合 v.
ingredient	成分，因素 n.
intensify	加强 v.
intense	强烈的，剧烈的，热情的 adj.
illustrate	举例说明，阐明，图解 v.
infrastructure	下部构造，基础下部组织 n.
incremental	增加的 adj.
implementation	执行 n.
invisible	看不见的，无形的 adj.
likewise	同样地，又，也 adv.
latent	潜在的，潜伏的，隐藏的 adj.
landmark	里程碑，划时代 n.
leverage	杠杆作用 n.
lest	唯恐，以免，免得 conj.
legitimacy	合法性，正确性，合理性 n.
leg up	帮助（上马或跨过障碍）
linchpin	关键 n.
lure	引诱 vt.
manifestation	显示，表现，示威活动 n.
mind-boggling	令人难以置信的 adj
marketing mix	销售组合
magnitude	大小，数量，巨大，广大，量级 n.
maximize	使最佳化，使最大化 v.
maintenance	供养 n.
miss out	遗漏
made-to-order	定做的 adj.
optimal	最佳的，最理想的 adj.
obsolescence	荒废，退化 n.

pragmatic	实际的，注重实效的 adj.
prosper	成功，兴隆，昌盛 v.
portion	一部分 n.
preempt	先占 v.
prospective	预期的 adj.
pursue	追赶，追击，从事 v.
perceive	察觉，感知 v.
quest	寻求 n.
quantitative	定量的，数量的 adj.
rebate	回扣，折扣 n.
resort	求助，诉诸 v.
rating	等级，级别，斥责 n.
routinely	例行公事地 adv.
simultaneously	同时地 adv.
slope	倾斜，斜坡 n. &v.
shakeout = economic depression	经济衰退（轻度）n.
summing up	总结，结论
stressful	产生压力的，使紧迫的 adj.
slice	薄片，切片，部分，片段 n.
substantial	真实的，坚固的，实质的，充实的 adj.
suffice	足够，有能力，使满足 v.
signal	发信号 v. 信号 n.
tactic	战术，策略 n.
tangible	切实的 adj.
tackle	捉住，应付，处理 v. 工具，用具 n.
tout	吹捧 v.
timing	适时 n.
template	模板 n. &v.
transition	转变，转换，过渡 n.

twofold	双重的，两部分的 adj. &adv.
time-consuming	耗时的 adj.
undertaking	事业，企业，承诺，保证 n.
ultimately	最后，终于，根本 adv.
wrestle	摔跤，角力，扭斗 v.
warranty	理由，授权，担保，保证，根据 n.

学习使用这些词汇使你能更贴切、更恰如其分地表达自己的意思，让客户觉得你更加专业。

有的朋友会问，从哪些地方才能搜集到这些所谓的外贸英语专业词汇呢？首先我们需要把专业词汇分成两类，一类是关于产品本身描述的专业词汇，如产品名称、规格、尺寸、计量方式等；另一类是写在邮件中，关于你和客户沟通洽谈业务时所使用的交际用语。

关于前者，你可以到国内做和你相同产品出口的大企业的网站上寻找，中英文对照查看，收集整理记录。因为语言习惯的原因，为了检查错误和查漏补缺，你可以再打开做这个产品的国外知名大企业的主页，把自己收集整理的信息和知名企业网站上的信息做对比、纠正，以便在今后的工作中，在专业词汇的使用上更加贴近老外的口味。

关于后者，可以通过如下的途径来收集这些词汇：（1）阅读与新老客户的往来邮件，从中摘抄有用的信息；（2）在书店购买合适美剧、电影的音像制品或含一本脚本台词的书，然后根据我在第一章第三节中提到的办法来收集词汇；（3）如果有关系密切的新老客户就更好了，可以直接跟客户在面谈时，或电话、聊天软件中讨论词汇的使用问题，当然这要在双方时间充裕的情况下。我就是这样做的。

第二节　常用英语句型，让你步步为“赢”

一、常用句型

（一）收到来信

例 1　I have just received your kind letter.

例 2 I was very happy / glad / pleased / delighted to receive your letter yesterday morning.

例 3 Your kind letter of Saturday arrived this morning.

(二) 久未通信

例 1 Please pardon me long in writing to you.

例 2 I must apologize for not having written to you previously.

(三) 未及时回信

例 1 I apologize for the delay in my reply.

例 2 I apologize for being a day late with my reply to you.

例 3 Having lost your last mail，I have not been able to reply sooner.

(四) 久无音信

例 1 I have not heard a word from you for a long time.

例 2 There has been no news about you for ages.

例 3 As I have not heard of you for long，I feel anxious.

(五) 表示歉意

例 Please accept my sincerest apologies for the inconvenience I fear we have caused you.

(六) 表示难过

例 1 I have been deeply grieved to hear about the death of your father.

例 2 I was most distressed to learn from your letter of the illness of your father.

(七) 冒昧写信

例 1 I trust you will forgive my writing to you in this way.

例 2 Pardon me，though a stranger to you personally，for taking liberty to address you these few lines.

二、电话交流

用电话同外商交谈时，由于只能听到对方的声音而看不到对方的表情或姿态，因此，要想结束同他们的电话交谈，事先记住一些惯用的表达词句，就显得极为重要。

（一）结束语

打电话给熟人，用一句来结束通话。

例 Is there anything else I can do for you?

还有什么我可以帮忙的吗？

（二）问候对方家人

如果你认识对方家人但不是太熟悉的话，不妨加上这样的问候以增进彼此友谊。

例 Say hello to your folks.（请代向你家人问安。）

（三）答应给别人传话

例 Then I'll make sure he gets your message.

（我一定会转达您的话。）

（四）对于老客户惯用的客套话

例 1 Thank you for calling.

（谢谢您打电话来。）

例 2 Nice talking to you.

（很高兴与您通话。）

例 3 Hope to see you again soon.

（希望近日还能见面。）

（五）打电话一方结束通话的方式

例 1 That's all I have to say for now.

（这就是我现在所要讲的。）

例 2 Thank you for your trouble.

(谢谢，麻烦您了。)

例 3 Well，I'll call you again later.

(我会再打电话给您。)

掌握了以上结束通话的方法，你就可以从容地结束通话了。

此外我们在阅读外文的书报杂志，以及收到的客户来信时，也要注意收集好的句型，把它们用到我们每天发的邮件当中去。

第三节　巧练听力，助外贸一臂之力

很多人都不喜欢正规的听力教材，感觉特别枯燥。有的人喜欢听 BBC 或美国之音的广播，但是常常容易碰到生僻的词汇和语句，很容易让人产生反感和厌学的情绪。结合外贸的实际，不难发现和客户邮件沟通或当面交谈时，有 70%以上使用的都是简单句，甚至是省略句。现在网络这么发达，其实很多美剧都可以成为我们练习听力的材料，比如《越狱》、《老友记》等，有趣、生动又不枯燥，特别适合外贸业务员学习使用。

如下例子节选自《越狱》剧本：

例 1 I just spoke to a friend of mine who's a clerk at superior court. I told him about the informant，that you'd be seeing him at 8：00. He gives us any evidence that would warrant a stay，my friend said he'll hear us out. We still might be able to stop this thing.

译文：我和一个在高等法院做助理的朋友谈过，我和他说了提供情报的人就是你。今天 8 点你会见到他。那个人（剧情中指代林肯的女友）能提供任何能缓刑的证据，我朋友说：他会尽力帮我们。我们还是有希望的。

I just spoke to a technical worker of our factory who's a QC.

译文：我刚刚和我们工厂的 QC 沟通过。

看看是不是比我们平时的表达（I just contact our factory's QC）灵活了很多。

I'd be seeing you at the lobby of the hotel at 8：00.

译文：我 8 点在酒店大堂见你。

Please trust me，we will hear you out. We still might be able to solve this matter.

译文：请相信我，我们将尽力帮助你，我们还是有希望解决的。

当客户遇到某些麻烦时，这句话就可以使用，例如出货期有问题等。另外，解决还可以用 figure out。

再看如下例子，同样节选自《越狱》剧本。

例 2 I'll make the travel arrangements，but I don't want any problem.

译文：我安排这次行程，我不想有任何麻烦。

运用：I'll make your business travel arrangements，have a good Chinese business trip!

译文：我将安排您的商务行程，祝您有个愉快的中国之行!

例 3 Now，out of respect for what you once were，I'm going to let you walk away.

译文：出于对您的尊敬，我可以让您少点麻烦。

运用：Now，out of respect for what you once were，we are going to give you more 5% discount.

译文：出于对您的尊敬，我们将多给您 5%的折扣。

例 4 No disrespect，but I don't know that you do.

译文：没有冒犯的意思，我不认为你能理解。

运用：No disrespect，but we are not able to accept your requirements.

译文：没有冒犯的意思，我们无法接受您的要求。

例 5 How can you not understand this is so beyond me? I would think after being by my side for 15 years，you would have gained at least a rudimentary understanding of how things works.

译文：你跟我这么久怎么会不了解这些？我想你在我身边有 15 年了，我以为你基本懂得事情是怎么发展的。

运用：How could you not understand this? I would think after cooperating with us for 2 years，you would have gained at least a rudimentary understanding of how market price works.

译文：你怎么不了解这些呢？我想我们合作有 2 年了，我以为你应该知道市场价格是如何变化的。

努力学习和收集吧，这些有趣的句子，一定会助你一臂之力。

［误区］我把本节谈的关于利用看美剧、英文原声电影来提高英语听写水平的方法介绍给了一个比较勤奋的外贸新人。殊不知他错误地理解了我的本意，导致在他具体操作过程中出现偏颇。事情是这样的：他觉得《生活大爆炸》这部美剧比较适合他学英文，于是他先听译某一集，一只手时刻准备按暂停键，另一只手用笔在本子上记录自己翻译出来的台词，然后他再花大量时间把听译出来的中文翻译成英文，最后再把自己翻译出来的英文对比影片里面的字幕，检查是否有误。这样白白花费了他大量的时间和精力，在我看来是路走偏了，学习英语的方式也变得非常呆板。所以时刻要提醒自己，我们做这些事情的主旨是为自己的外贸英语、外贸工作服务的，这个中心不能变。

第四节　自我情景设置，时时锻炼口语

大学刚毕业的时候我做的是技术，英语也丢了一段时间。自从做外贸以后，每天上网搜索客户，收发客户邮件，接听拨打客户电话，接触的基本上都是英语的内容，所以每天沉浸在英语的语境中。另外，写作的提高是从与客户的信件往来中学到的。注意留心观察客户的表达方式、句法等，有意识地在自己的信件中使用它们，慢慢就会有所提高。

要学会自己设计场景练习，比如我现在的产品有些问题，客户打电话过来询问情况，要知道说什么、怎么解释。学习这种方式，你就会利用空闲时间练习口语，走在路上、坐在公车上都会想这些。这样，无论何时突然接到客户的电话，都不会发懵，一切都是手到擒来，游刃有余。

例如：（情节虚构）

1—假想客户；2—自己

1：Hi，Jeff，how are you doing today? I find some problems about the first shipment.

2：Hi，Dave，I am fine. I hope you are well too. Go ahead，please let me know the details of the problems.

1：We received the first shipment of non-woven clean wipe. We found they looks thinner than our other shipments which come from our other Chinese suppliers.

2：Dave，I am real sorry to hear that. Probably it looks like thinner than your other suppliers，but you cannot judge the quality through your observation by eyes. You could use the basis weight tool to measure the gram weight of material，then you will find our quality is acceptable. You know，the different suppliers' products have different products' appearance.

1：OK. At the same time，we found the color of packing pattern is different from ours. Why? I remembered I sent the samples to you for confirmation and making the duplicated samples at the first.

2：Yes，before our productions，we received your samples and confirmed it，then we also sent you our duplicated samples for confirmation. After you got them，you said you will place the first order to us，at the same time you gave me a Panton No. for the color of packing pattern，and ask us to make the packing according to your Panton No. Do you remember that? So，we make the packing according to your Panton No.

…

经验漫谈

对于场景设置想得越深入越具体越好，一方面可以复习自己的专业知识，同时也练习自己英语的专业表达；另一方面，让自己养成一种未雨绸缪的好习惯。

本章小结

我们的父母、长辈总是喜欢用一句“磨刀不误砍柴工”来鞭策激励晚辈不要好高骛远，不要眼高手低地处理我们的工作与生活，以期夯实基础，再在此基础上一步一个脚印地实现自己的工作目标和人生价值。可是人类跨入21世纪以后，各种新生事物、新知识、新技术爆发式地呈几何级数增长，我们作为外贸业务员也不得不面对这残酷的现实——我们时刻会被市场和社会所淘汰。因此，我们是否还有足够的时间先去“磨刀”呢?显然，先花足时间去“磨刀”与当今的社会节奏，个人的工作效率是不相宜的，你必须把“磨刀”的工夫花在大学阶段，并保证“刀”绝对的牢固。我认为，外贸业务员在大学阶段需要磨的刀就是英语。剩下的工作就是“砍柴”，也就是利用我们手中的利器去开拓市场、寻找客户。正因为我们生在快节奏、高效率的时代，所以在“砍柴”的过程中要抽空继续“磨刀”，让“刀”保持光亮，正所谓磨刀砍柴两不误！

如同我们公司每次招聘新业务员时，我对他们说的第一句话总是：在保证英语水平（听、说、写）的前提下，我会带领你们找客户、做订单、赚钱也就是“砍柴”；在你们砍柴的同时，我希望你们能抽空丰富自己的专业知识，不断提高英语水平也就是“磨刀”。这二者我认为相辅相成，无所谓谁前谁后。赚钱的过程中，一定会碰到自己难以解决的问题，那么就要“磨刀”，磨好了刀自然能够赚钱。

第二章
外贸的精髓——准确、合理、专业地回复邮件

这里我不得不反复强调，专业地回复邮件是外贸业务员工作的重中之重，因为邮件是我们与客户交流最主要、最频繁的工具。准确、合理、专业地回复，对于解答客户的疑惑，应对客户的反馈和抱怨，促使客户下单是至关重要的。所以作为一个优秀的外贸业务员有必要熟练地掌握这项技能。

第一节　回邮件要持之有据

很多外贸业务员不太注重自己邮件的行文内容，在给客户回复时甚至提出抱怨。你需要回复时，或者你有什么观点、问题要向客户说明时，你往往只提出了自己的中心思想和论点，缺乏有力的论据来证明自己的观点。

想写出有力的回复，请牢记以下两点：

1. 给客户回复邮件，回答客户的问题，解答客户的抱怨，给客户表明自己的立场观点的时候，除了有论点，还要有论据，就像写议论文。

2. 回复客户的邮件，解答客户的问题不是“踢皮球”。

什么叫“踢皮球”？比如：客户询问产品质量和交货期时，你回答“我们的产品质量一流，我们的交货期很及时”。你看这里你的回答仅仅说明了你的论点，但是缺乏论据。不难看出客户踢出了个皮球给你，你这样的回答人人都会说，相当于是把皮球又给客户踢回去了。

请看如下我亲身经历的一个例子，以此来说明如何用论据来证明自己的观点。

案例分享

某年7月份，老客户给我一封邮件，说我出口给他的棉花制品有问题，而且问题很严重，有被污染的小黑点且产品不够蓬松，客户要求降价。我仔细回忆，出货前我负责验货是没有问题的。看来是客户压价的把戏，这就是不合理的要求，我们应该委婉地拒绝。

这时回复客户邮件就像写议论文，要摆事实，讲道理。

当时我是这样回复客户的：

我们非常重视您的回复，今天下午我们公司的相关责任人开会讨论，做出的总结如下：

1. 我们打开一袋货物，摊开仔细检查，在1米的长度内我们仅仅看到7～8个小黑点，而且它们的直径不大于0.01mm；

2. 同时我们测试了产品的蓬松度，蓬松度测试仪的测试结果是××.××（数值），显示该产品的蓬松度良好；

3. 以上两个测试的结果均和发货前寄给您的样品质量相同，有的数据甚至超过了样品标准。

所以我们确信我们的产品没有质量问题。当然，我们也愿意听取您的意见（加上Kindly）。若方便，请发如下资料给我：

A. 详细的产品质量问题描述；B. 有问题的产品参考图片。

另外，你所描述的产品蓬松度问题，可能是因为吸塑包装的原因，我们将改进包装。原来包装里的棉花产品是横卧的，经过测试，我们觉得将产品侧立起来包装可能更合适，改变以后的包装尺寸是 a cm×b cm×c cm 和原来的包装尺寸相差不大。这样既改善了产品互相压紧的情况，同时也保证了原有的装箱率。

这就是所谓的摆事实。国外客户更偏重于定量的分析，而不是定性的描述。这封邮件发出后，客户再没有提这件事情。

同样，你也可以站在客户的角度来看看下面这个一般性的回复。“产品在出口之前，我去工厂做了仔细的检查，和给你们的样品的产品质量相同。我们确信我们的包装和棉花质量没有问题，产品洁白、柔软。如果方便，请提供有问题产品的图片或实样。”

不难看出，上面的回答等于没有回答，效果一般。

在与客户讨价还价的过程中，我用的也是写议论文的方法。

客户提价格贵，我会向他（她）说明产品贵的原因，并把数字一项一项地列出来，如人民币升值，把上月份汇率的中国银行（英文页面）链接和现在汇率的链接，写在邮件中，让客户一目了然。同时，让他感觉到你工作的细心，对你产生信任。

这样你的邮件还会没有说服力吗？用论据说话！

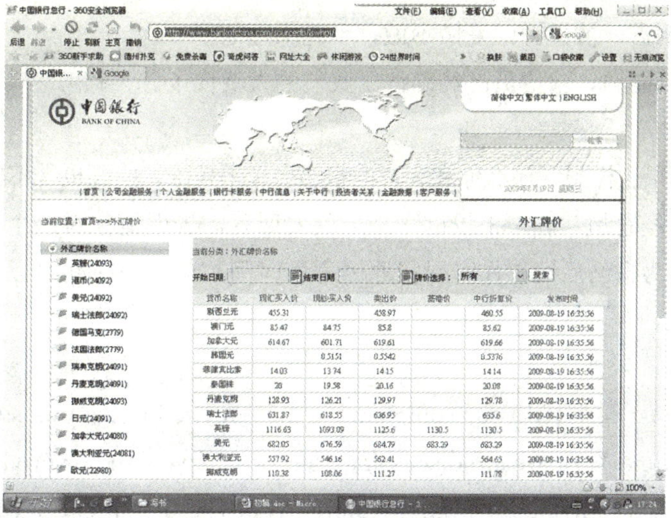

图 2-1

如下附上中国银行外汇牌价搜索页面，供参考：

链接：http：//www. bankofchina. com/sourcedb/lswhpj/

在如上页面的上端，可以看到供使用者搜索用的时间栏，选择不同的时间段，便可以搜索出不同时段的外汇牌价。

第二节　遇到客户抱怨等棘手问题的专业回复

客户说产品、服务有问题，千万不能像“许三多”那样，勇于承认错误，首先要弄清楚客户说的问题是否实际存在。因此，你需要客户提供详细的问题报告。诸如：问题描述、图片、测试报告，最好是有相关的样品寄过来。然后确定是自己这边的问题，工厂生产环节的问题，还是客户那边的问题，确定了“病灶”再决定下一步的解决方法。

如何面对客户的投诉？作为外贸业务员，最麻烦、最头痛的事情莫过于面对客户的投诉和抱怨。发货款到后，居然被客户投诉货物有质量问题，大家一般会如何反应呢？

“不同等级的质量要求决定了不同的价格体系，这么低的价格就只有这个质量了，还指望用上100年啊！”

“真倒霉，被投诉，爱做不做，干脆不理他。”

“不可能啊，验货员已经确认了我们的大货样了。”

……

你如果这样想，那么你和客户的积怨会越来越深，问题也得不到解决。

我的经验是：客户一投诉，马上就要回复，告诉他你对这个事情的重视。要想为自己后续工作和寻找原因争取时间，你第一时间可以这样回复客户：

Dear Mr. ×××，

We just received your complain，thanks for telling us this situation at the first time. Now we are discussing your problems with our producing and technical department for a good solution，please be patient. I will update our next step for you ASAP.

Thanks for your understanding in advance.

Best regards,

×××

一般遇到客户抱怨和投诉的解决步骤如下：

第一，一定要在收到客户邮件的第一时间回复，先稳定客户的情绪，让客户等待太久会让他们发狂，更有甚者，会把事情投诉到你的老板或者更高层的人那里；或者你就是老板，那就更没有退路了。

第二，为了显示公司是全员动员起来寻找引起客户抱怨、投诉的症结所在，对于我方的称谓最好使用“We”，而不是用“I”。通常“I”代表个人、个体、私人，而“We”可以指代整个公司和团队。

第三，我上面说了，不要勇于做爱认错的“许三多”，但要有许三多坚持不懈的精神。对于客户提出的质疑和产品问题，一定要让客户提供相关的证据最好附带说明，如照片等，口说无凭，谁知道到底是货物有问题还是客户恶意敲诈呢？

第四，我的出货习惯是无论客户是否有要求，我都要求我的工厂在每个货物上单独贴上小标签（内容是工号或者 QC No.），一旦出现任何问题，方便客户和工厂查找。明确问题出现的环节，方便己方的改进，以及责任认定。

第五，要与生产以及检验部门开例会，这个会议可以让大家及时了解哪些货物有问题，有多大问题。只有知道错误所在，才能对客户做出合理的解释和进行下一步操作。作为外贸公司的业务员，一旦货物出现问题，应该马上跟工厂联系，将客户提供的照片或者有问题产品的工号转发给工厂，征求工厂的意见和处理办法。作为外贸业务员必须自己对产品也比较熟悉和专业，不能简单地听从工厂的答复，应该积极地提出自己的观点和想法。最终如果发现的确是我方的责任，要尽量让客户先提赔偿要求，不要自己主动先开口。这样做有个好处，就是知道你要赔偿的底线在哪里，相对来说转被动为主动。当然最后要落实给客户的赔偿承诺，这样才有长期的生意可以做。

当问题暂且缓和的时候，我们该如何跟客户进行之后的沟通呢？我觉

得主要有以下几个方面需要注意:

1. 可以对报价体系做适当的调整，原则就是让客户感觉你的内疚，你似乎在降低价格（要知道老的产品的价格可以降低 1～2 个百分点，但是新产品的报价又可以把这 1～2 个百分点给补回来）。

2. 时刻监控好自己工厂或者供应商的交货期，情况允许时尽量提前出货，让客户切实感受到你做出的努力和改进。

3. 考察并收集该客户在他们销售区域内竞争者的信息，提供有用的信息供客户参考，帮助客户做他的销售规划。毕竟客户的生意好了，你的生意也会随之更加红火。

第三节　在邮件中插入有力的数据和图表

前面章节的内容，我已经提到了，给客户发邮件、打电话解决问题时，必须切中要害，除摆出自己的观点外，还必须拿出论据。这一节主要讲述在回复给客户的邮件中，数据和图表利用的重要性，无论是解决客户投诉或是开发新客户都适用。

首先是数据。西方人的思维和东方人是不一样的，比较直观，在外贸业务中数据等事实更能说明问题。建议大家可以阅读《东方人与西方人的50个思维差异》这本书，加深对西方人价值观等各方面的综合了解，这对你和客户打交道，提高外贸业务会起到很大的作用。俗话说，只有知己知彼，才能百战百胜。

下面就用几个例子来帮助大家理解一下。

一、用数据说话

当向国外客户推销塑料杯，客户回复说杯子价格偏高时，大多数外贸新手会这样回复客户：“很抱歉，现在人民币升值很厉害，塑料原料的价格也在随着油价的升高而急速上升；由于产品单价的提高，工人也要求我们提高他们的工资；这些都导致了高成本。”

但为了迎合客户的思维习惯，我会这样回复客户，把有力的数据插入到我的邮件中去，给客户作为参考和佐证。

1. 说明塑料产品属于石油产品，近期石油交易价格，比如 76 美元/桶，原来是 60 美元/桶，关于价格变化，您可以查看如下链接 www. plasticinfo. com。

2. 把普通塑料母料加工成能用来做民用生活产品的塑料母料，需要在原料中加入价格比较高的无毒辅料、增塑剂环氧大豆油、钙锌复合稳定剂 CZX 系列、添加剂碳酸钙、硫酸钡……目前这些产品的价格略有升高，你可以查看×××期刊，或者查看伦敦期货市场的价格走势，然后把你在这些资源上查到的数字资料给客户具体列出来。

3. 目前人民币一直在国际市场上升值，但是国内市场是贬值的，所以我们不得不提高工人的工资等相关费用，关于人民币汇率的问题，您可以查看中国银行的汇率变化，如下是链接 www. bank of china. com（详细可参考图 2-1）。

4. 另外您现在让我报价的产品，和我们样本册上的有些不同，你们的杯子属于异型类，我们打样发现，生产这些产品，耗料比普通杯子大，一般普通规格的杯子每只需要塑料 50 克左右，而你们这种杯子高达 55 克，所以价格也要相对高些；同时请不要忽略一个很重要的因素，由于杯子的特殊形状，将会导致边角料比普通外形的杯子每只多 3 克，这也是价格偏高的一个原因。

所以必须熟悉自己所销售的产品，善于发现所销售产品的特征，让自己的解释和说辞更加有理有据。

二、图表作用不可小视

同样，图表在跟客户邮件的交流中也起着不可忽视的作用。请看如下的例子。

某日收到客户邮件，说收到的纺织品卷材的大货样品与产品说明书上的情况不同，技术单上要求的产品克重是 50 克，但是收到的大货样品中有不少产品不足 50 克（通常超过克重要求，客户是不会有异议的），客户要求我方不得擅自发货，并安排相关替代品的生产。结合该种产品的特性和实际情况，我们要求客户返还了部分大货样品，在做了相关测试后，给客户做了如下回复，并附上了我制作的相关表格。客户未再提出任何疑义，并接受了我们的大货样品，回复内容如下。

1. 收到您回寄给我方的大货样品，我方测量了每一片裁片的克重，结果如下。

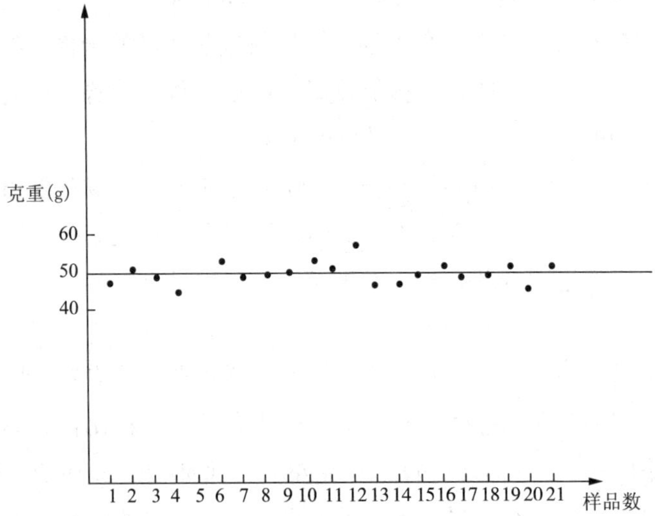

图 2-2

2. 在测试的 21 个样品中，克重在 50 克的样品有 10 个，克重超过 50 克的样品有 6 个，克重不足 50 克的样品有 5 个，我们承认有克重不足的情况存在。

3. 在如上的产品克重分布表上我们不难看出，取样的克重在 45 克和 55 克的范围内波动，根据纺织品的特性和规律，一般对克重有个允许的波动范围（这里我们假设是±5 克)，这是个约定俗成的规律，您可以看到我们的产品符合这个要求。即使您从欧美等发达国家购买这种产品，也同样存在克重分布的问题，不可能是统一的克重，这是产品的性质所决定的，因此，我们不能同意您的要求。

最终客户被我们兢兢业业的工作所折服，收回了他说的要求我们重新生产的要求。

★ 同样，其他产品也有类似的情况，比如做机械产品，他们对尺寸的

要求就有一个允许的公差（tolerance）范围。

因此，我们应该善于抓住这些工作中的细节。

三、结合行业生产的实际情况

有的外贸新人在面对客户的投诉、抱怨和质疑的时候，会显得手足无措，因为在许多地方会得到这样一个信息：顾客就是上帝。一旦这个上帝不满意了，往往在回复和处理应对的时候会变得唯唯诺诺，生怕得罪了客户，如果有这样的心态，会大大影响到以后对该客户的维护服务工作。所以一旦碰到客户提出质疑、抱怨和投诉的时候，首先要摆正心态，不要自乱阵脚，可以尝试按照以下步骤来处理问题：

1. 首先需要明晰责任方在哪边。如果在没有操作错误的情况下，根据我的经验通常责任不是100% 在己方或者客户一方，而是双方均承担一定责任。

2. 对于自己工厂或者是己方供应商所需要担负的责任范围，应详尽地进行分析，然后确认是否能解决这些问题，如果不能解决，是否有什么替代办法。这些讨论的结果都需要以适当的方式表述给客户，让客户也参与讨论，让客户感觉你不仅仅是提出了问题，还在切实地寻找解决之道。

3. 对供应商上游供应链的情况和下游客户的销售情况也需要做适度的了解，这对你去跟客户做解释的时候，会有莫大的帮助。

第四节　具体邮件具体分析原则

同样在外贸业务中，回复客户的邮件也必须遵循这个原则。

有时业务员来问我某一邮件怎么回、电话如何打、客户怎么维护，我一般会要求他给我如下信息，我才能给出我的意见：客户来自什么国家，该客户是否有主页，公司背景如何，客户信息是在哪里找到的，和客户断掉联系的最后10封往来邮件的内容。在得到信息后我才会作出我的分析和维护建议。所谓具体问题具体分析，千万不要把我的邮件、其他人或者书上的邮件用来生搬硬套。**请切实履行具体问题具体分析这个原则。**

如下是我根据具体的情况，对相似客户的不同处理，给大家做个参考。

Dear Henry,

We just received your E-mail, thank you.

Yes, we are interested in cooperating with you, please send me your catalogue, prices, lead time for reference. As soon as we checked your details, probably we will purchase a trail order to you.

Thank you,

Angie

若收到或搜到该客户的主页信息，那么我的回复如下：

Dear Angie,

Thanks for your E-mail.

I have looked through your product list on your website, and I found our products are suitable to sell in your market. Please check my attached e-catalogue at the same time, I also enclose the prices of popular products which were sold in your local market. Usually our lead time is 20 days for a 40′ dry container.

If you need more information, please let me know.

Thank you,

Henry

说明：

1. 客户有主页，可以最直观地考察客户的情况，他们做哪些产品以及产品的分类、侧重点；

2. 根据客户主页，可以有选择性地发给客户他们最关心的产品目录。同时，要切记和自己主页上的产品相对应。有时客户采购的未必是你们最在行的，而是出现在你们的样本册或者主页上的产品。

3. 还是那句话，客户问你问题，而且在考察你公司的真实性、公司实力和采购意图以后，不能说客户叫你报价，你就给他把“皮球”又踢回去，说“Please let me know your specific requirements for quotations.（请让我进一步了解您详细的报价情况）”。同时，你也可以适当地给客户发一些他们市场常卖产品的价格作为参考，以引起他们的兴趣。

4. 像这样能查到客户详细信息的公司，我会特别对待。虽然客户提供的信息有限，但是一方面我会尽量满足客户的要求；另一方面，把客户没有想到、提到的方面也一并解决了。毕竟我方是供应商，客户是采购商。只有把工作做到最细致，才能真正打动客户。

如果客户的邮件里面没有公司主页等详细信息，我也无法从网络上搜索到相关信息，那么我的回复将会是如下情况：

Dear Angie,

We are very glad to received your demands. Frankly, your purchasing information is not enough clear and complete. I thought you have been looked through our homepage, would you mind answering me the following questions for quotations?

1. You know our catalogue includes lots of different products and series, please let me know which items are you interested in. Hereby it is our e-catalogue, you can choose your interesting.

2. As soon as you confirmed which products you are interested in, then I will show you our good quotations.

3. Our delivery time or lead time is up to your quantity, you'd better let me know the quantity of your first trail order. Thank you.

I am look forward to your responses for next steps.

Sincerely,

Henry

说明：有这样的情况存在，很多国外的客户已经有了稳定的供应商，和你联系只是单纯地为了了解市场价格行情，有的甚至是为了骗取外贸情报和信息。因为他们根本就没有采购计划，所以我们的回复通常都会打圆场，采取“防守”的回复状态。

如果客户有下一步的动作，也许我会把他划分到潜在客户群中去。

如上分析，大家不难看出，稍有情况的变化，给客户的回复迥然不同，因此，我必须在这里反复强调，具体邮件具体分析，**永远没有一成不**

变的回复邮件模板。

第五节　超详细报价单攻略

在与客户沟通协商的过程中，客户最敏感、最核心、反复交涉的问题就是价格。通常商讨价格的情况出现在你报出的价格是在行价的范围内，但是算是行价波动范围中偏高的，所以客户会要求你说明价格偏高的原因或者要求你作适当的让步——降价。这个时候如果你有一份超详细的报价单供客户参考，想必可以打消客户的很多疑虑和猜想，尽量让客户认可你当前的报价。

经验漫谈

必须确保自己给客户的初次报价在合理的行价范围内。过高的报价，会让客户感觉你是个门外汉，空想主义者；报价过低，固然会引起客户的关注，但是作为一个专业的客户，出于对产品的深入了解，他会质疑你产品的质量。所以务必认真对待自己给新客户的初次报价。

Dear Henry,

We have received your quotations, thank you.

You know, we have some good textile business experiences that we purchased these products from China for 15 years. According to our experience, we found your quotations are a little higher than our current suppliers, we have cooperated with them for 5 years. You know our purchasing quantity is very big, so could you give us better prices or some discount?

Please advise.

Thank you,

Angie

如上是比较典型的客户压价的邮件。在确认我方报价合理的情况下，除了用一些文字性的表述和说明（参考其他章节内容）作为价格偏高的证明外，最后在附件里我会附上我的“杀手锏”——超详细的报价单。让客户切身感受到我的诚意，尽可能地展示最细节的部分给客户看，让客户对我的信任“加码”。请参考如下例子：

超详细的报价单形式有两种，一种是用 Word 做的，好处是内容可以写得比较具体；另一种是用 Excel 做的，好处是内容简洁，一目了然。至于发哪种给客户，你可以自己作出选择。

案例分享

A. Word 型（以下产品及价格均为虚构，无参考性）

Item＃：ASDL002－8

1. Material：200g/m^2 anti-pilling polar fleece

Price：RMB 45000.00 per ton.

2. The size of product：

Body：Length 45″×2.54＝114.3cm

Width 54″×2.54＝137.16cm

The length of sleeve 22.5″×2.54＝57.15cm

The size of body material：117cm×138cm＝1.6146m^2

The size of sleeve material：（59＋35）cm×59cm＝0.5546m^2

The size of collar：3m（length）×0.028m（width）＝0.084m^2

Total：2.2532m^2×1.02（2% wasting）＝2.3m^2

2.3m^2×200g/m^2×RMB 45000.00/ton/1000×1000＝RMB 20.7/PC

The cost of producing process：

1. Salary：Latheman RMB 0.07/PC＋Sewing worker RMB 0.045/PC＋Folding worker RMB 0.045/PC＋Cutting worker RMB 0.012/PC＋Loading worker RMB 0.015/PC＝RMB 0.187/PC

2. Inner bag and Label：RMB 0.013/PC

3. Outer case：34×28×30cm＝RMB2.86/PC÷50PCS＝RMB 0.057/PC

4. The charges of clearance：RMB 2950÷100 000PCS＝RMB 0.0295/PC

5. Sewing threads，elastics，the charges of electricity，sealing tape，the charges of machine depreciation and others：RMB 0.05/PC

6. The charges of management：RMB 0.06/PC

7. VAT：RMB 0.07/PC

1—7 Total：RMB 0.467/PC

For example，the exchange rate is 7.34，profit is 5%.

Quotation：RMB20.7+RMB0.467=RMB21.167

RMB 21.167÷7.34（以美元对人民币汇率为 7.34 计）=USD2.884

RMB 2.884×1.05=USD3.03/PC

以上是一个用纺织品做衣服的案例，仔细看核价的每个条目，包括了从原料到不同工种工人的工资，甚至到衣服用线的价格等，非常细致。这样客户对他购买的产品的明细一目了然，怎么能不相信你呢?

B. Excel 型（以下产品及价格均为虚构，无参考性）

请参考如下截图：

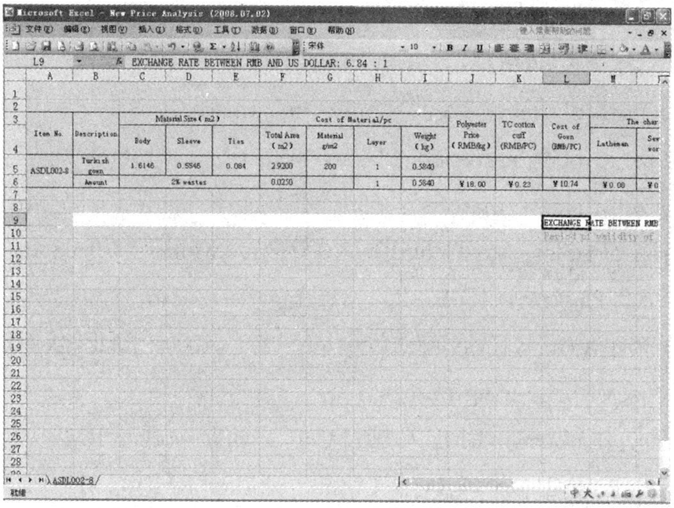

图 2-3

由上图不难看出，其实我们只是用 Excel 表格把 Word 文档的内容总结了出来，除了上面我说的好处外，使用 Excel 表格还可以表示函数，将计算价格设置成自动的，很方便。当其中任何一项发生变化时，只需要敲进去相应的数据，最终的报价便会有相应的变化。

★ 一个外贸业务员要做出如上两种超详细报价单，一定要对产品相当了解，这就要求业务员在工作中对产品的每个生产环节都了如指掌。

第六节 记忆点的魔力

这里所阐述的“记忆点”，并不是枯燥地给它下个定义。说完如下的例子，我想大家就会明白“记忆点”的定义了。

假如你在D盘的“Program Files”文件夹下的“Common Files”文件夹下的“Documents”文件夹里新建了一个Word文档。时隔多日，当你处理某个事情需要用到这个Word文档里的内容的时候，你能找到这个Word文档，并了解里面的内容。那么这个Word文档就是我所说的“记忆点”。

外贸里什么时候会用到“记忆点”呢？这就是当你和客户失去联系一段时间以后，当你想再次和这个客户建立联系的时候（这是在外贸业务中普遍存在的头痛问题），就需要寻找当初你和客户的往来邮件里的“记忆点”，引起客户再度想起并关注你的闪光点。

右图是我对外贸里面的“记忆点”的图解。

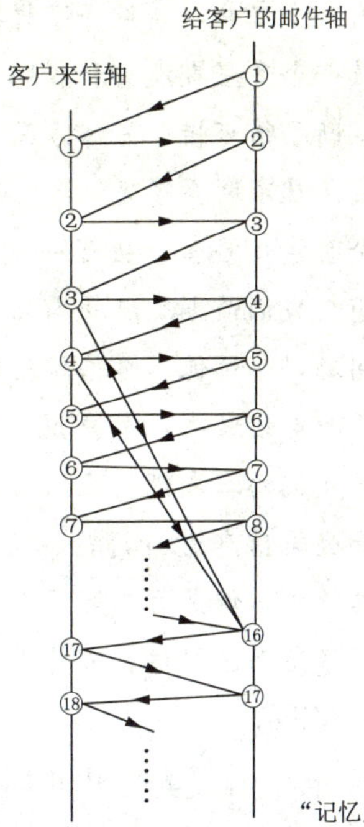

图 2-4

说明：左边的纵轴表示客户的来信，数字表示客户的第一封信、第二封信……以此类推；右边的纵轴表示我方业务员给客户的邮件，同样数字表示我方的第一封信、第二封信……以此类推。两轴之间的第一个省略号表示和客户失去联系了，底部的省略号既可以表示与客户的继续联系，也可以表示又和客户失去联系了。

由上图可以看出，正常情况下的邮件状态是，我方发出邮件①，客户回复邮件①，然后到我方回复邮件②……如此交替。假设到我方回复邮件⑧之后，客户突然不再回复了，随后无论你怎样发邮件客户均未回复。直到你回复第16封邮件（即我方邮件⑯）后，客户才给你回复邮件⑯，我们需要参考以前客户的邮件③或者④，因为那封邮件，或者那两封邮件，当时着重谈了些比较深入的问题，而不是简单地说“OK，I got your samples，thank you”等没有实际内容的话。这个时候我们说客户邮件③和④就是引起客户再次关注的“记忆点”。

在确认客户真实性的情况下，我是这样重新让客户回到我身边的。

如下是“记忆点”使用的实例。

案例分享

我有一个客户，前期寄了样品，然后就按部就班地一直进行谈判。突然他连续一个多星期没有和我联系，一方面，心里挺不舒服的，花了这么多精力，断了很可惜；另一方面，客户确实又表现出一定的合作意向。但是怎么突然就不联系了呢？

这个时候我给客户去了一封信，这封信是想提起客户的“记忆点”，让他回想起我们前期交流的内容，然后再发问，是否我们的服务当中出现了什么问题，导致他不再信赖我们。

头天打电话过去，客户说：“你是我们的新供应商，一方面，我们需要时间给我们的客户说明你的情况；另一方面，我们需要时间对你发过来的产品和公司信息进行讨论、分析，这些都需要时间来决策。”我让客户发一封信给我，但是第二天早上我仍然没有收到客户的书面详细回复，于是我便写了下面这封信。

Hi，Mike，

How are you? Last night I called you and understood your current position，thank you.

Could you send me a reply which stated your advice about our toothbrush business? You know，usually we keep our client's data and advice in the archives，so that we can make special and divided sale plan & schedule for each clients. At the same time, we can also improve our services according to them, if there have some faults or omissions in our works.

So, please take a few time to tell me your advice about our business, OK? Thank you so much.

Best regards,

Henry

我很快收到了客户的回复：

Dear Henry,

Thank you for your phone call yesterday. Stephen Redish, one of our owners would like to have a phone conversation with you in regards to the following items:

Mold charges Terms

* Pricing

He is requesting that you call him either today, Thursday or Friday. Please let me know when you will be able to call him, so that he will be expecting your call.

Also, we would like to get some background information for your company. We would like to know more about your facility, manpower, years in business and if you have anyone here in the US to represent your company. Do you have a website? Any information you can provide would be greatly appreciated. Thank you.

Best regards,

Mike

这里的"记忆点"就是之前和客户的一次电话沟通。

看，客户被我的真诚打动了。由于一般开始信件都不会介绍公司的详细情况，因此，后续的跟进很关键。想象你自己就是个采购商，你坐在你的办公室里，有人来推销复印机，价格合理，那么，你会马上就开票让他把机子送过来吗？不会的。一般情况下你会说：我们再考虑一下，如果我们需要，回头跟你联系吧。你肯定也需要花时间去了解其他品牌的复印机、这个产品的公司资质等。但是当那个业务员再次登门拜访或打电话时说“Hi，我就是上次拜访贵公司的×××……”时，他无形中就把你们的关系拉近了。

★ 注意区分有的客户并不是你需要关注的潜在客户，那么你也不必花费更多的心思去做工作。

★ 有时一个电话的作用还是邮件不能替代的！因为邮件是冷的，而一个电话是暖洋洋、有温度的！

做外贸业务员要有吃苦耐劳的精神，有时候你把握得不好，客户不能对你所提供的“记忆点”产生共鸣，这个时候就需要反复给客户提供“记忆点”，并检查提供的“记忆点”是不是那个闪光点！

本章小结

中华武术源远流长，流派众多，其中我尤喜师父当年教授的八卦掌。“八卦掌，走为先，收即放，去即还，变转虚实步中参”，这是总诀中的一句话。这一章的内容主要描述了如何在邮件中运用不同的方式方法去吸引客户的注意，如何解决工作中的困难，也就是所谓武术中的招式。其实世间本无定法，同样的邮件来自不同的客户，处理方法也是不同的，需要具体分析情况，融会贯通地使用这些方法和技巧才能做到有的放矢。如同马克思主义的一条重要原则：人们在做事，想问题时，要根据事情的不同情况采取不同措施，不能一概而论，即具体问题具体分析。

在运用各种技巧方法处理问题时，请想想《笑傲江湖》中风清扬老前辈骂令狐冲说的一句话：“唉，蠢材，蠢材！无怪你是岳不群的弟子，拘泥不化，不知变通。剑术之道，讲究行云流水，任意为之，你使完那招‘向虹贯日’，剑尖向上，难道不会顺势拖下来吗？剑招中虽没这等姿势，难道你不会别出心裁，随手配合吗？”

“蠢材！手指便是剑。那招‘金玉满堂’，定要用剑才能使吗！”

第三章
明确目的做外贸

第一节 什么是我们需要的客户信息

【题外话】为什么我要专门说这个话题？因为很多外贸新手面对着电脑无从下手，不知道该如何找客户信息，原因之一就是还没有弄清楚，我们到底需要什么样的客户信息。完整的客户信息是什么样的？如下是详细讲解。

首先请先看图片 3-1。

这是一张客户的名片实例，由此名片我们可以看到详细的客户信息包括如下内容：

1. 客户公司名称
2. 联系地址和邮编
3. 联系人名称以及头衔
4. 电话
5. 传真

Honeywell

John V. Facinelli Ph.D.

Resins Technology Leader
Resins and Chemicals

Specialty Materials
Honeywell
101 Columbia Road
Morristown, New Jersey 07962
973-455-3551 Voice
973-455-2936 Fax
973-727-3092 Mobile

www.honeywell-plastics.com
john.facinelli2@honeywell.com

图 3-1

6. 手机号码

7. 业务联系用的“私人的”E-mail 地址

8. 客户公司主页

注意在如上范例中，客户名片中提供的公司主页，与企业邮箱后缀的不同，此时 www. honeywell-plastics. com 和 www. honeywell. com 两个主页都需要学习了解。

【知识点】这里所谓的“业务联系用的‘私人的’E-mail 地址”是指客户通常用来联系业务的 E-mail 地址，注意观察@之前的邮箱地址前缀部分，通常老外的习惯是使用自己的名字的组合，例如客户名称叫 John Facinelli，那么常见的邮址前缀部分有如下几种（大小写同）：

jfacinelli@honeywell. com

johnf@honeywell. com

john. facinelli@honeywell. com

john _ facinelli@honeywell. com

jf@honeywell. com

当然少数客户仍然喜欢使用 sales、purchasing info 等邮件前缀。所以我们在做业务之前自己申请的邮箱不要按照我们中国人的习惯和惯例，比如 zhangshan1979@163. com、lisi830415@hotmail. com 等，这样让人感觉很不专业。

照理说，如上从第 1 项到第 8 项都是很重要的信息。但是在外贸业务里，如果在你没有办法得到客户名片的情况下，有了如上第 1 项或者第 8 项，其他内容都可以通过搜索引擎或其他方式来补充完整（具体方法，后面的章节会有专门的阐述）。

其实有了第 8 项，我们直接打开主页就可以看到相关的客户信息了，如果只知道第 1 项，通过搜索后我们得到第 8 项，同样也可以知道客户信息。如图 3-2。

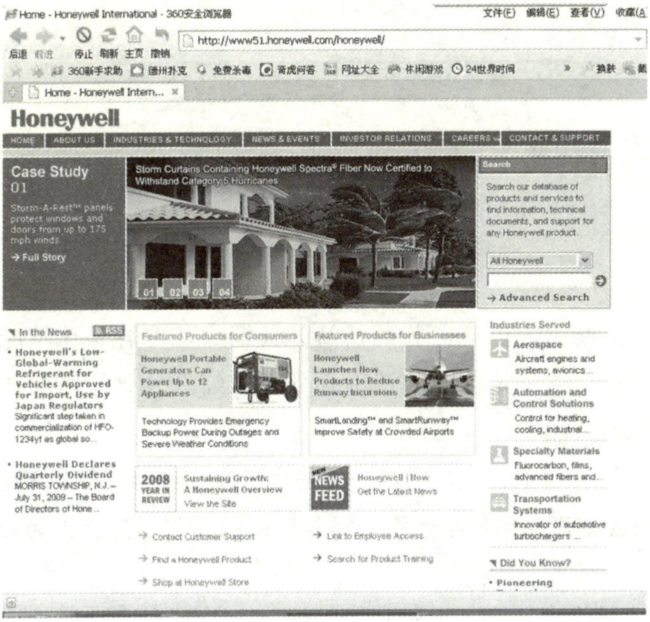

图 3-2

基本上每个客户的公司主页打开都有 CONTACT 或 CONTACT US 这一项，如图 3-3。有的是一个发送邮箱的图标，如 ✉ 。

点击进入后，其他的信息基本就一目了然了。如果点击分目录的 Contact Us，你还会发现有在线的联系方式。

我们在外贸展会，因特网上搜索到各种类型的客户资料，有展会客户资料，参展商、专业观众信息等；当你打开展会主页上的客户资料，

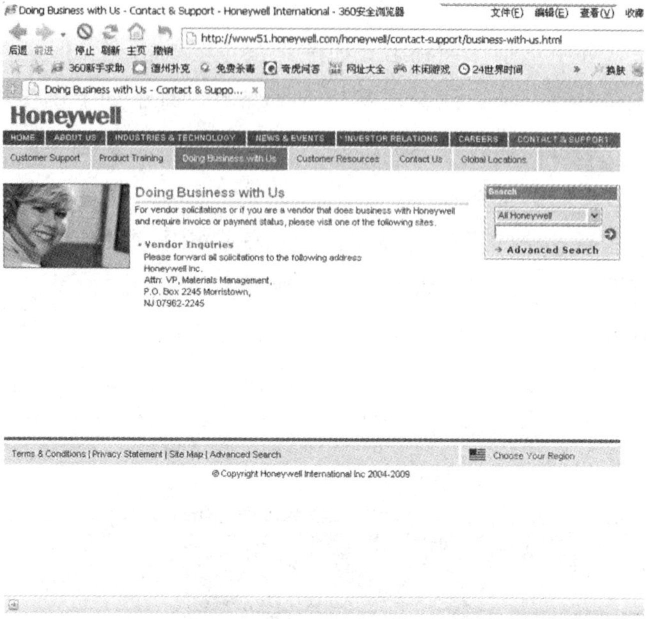

图 3-3

里面包括了生产商、供应商、批发商、分销商，内容是比较庞杂的，但是都是有商业机会的，你的推销不必分得太细。只要他们生产或销售的是和你一样的产品，一样可以发推销信给这些客户。

★ 注：哪怕他们和我们自身一样是生产商或者供应商也不必担心，我们仍然有机会把产品销售给他们，因为他们的销售渠道依然可以让他们有利可图。

第二节　如何确定自己所做产品的关键词

很多外贸业务员新手经常问我这样的问题：我做五金产品可以吗？回答是肯定的，你做任何产品都可以，但是如果产品的类别定得太宽，推销时给客户的感觉就是你的产品范围模糊，缺乏专业性，而且客户也不会相信一个单独的供应商能生产、供应同一门类的那么多产品，并且样样精通。大家都知道国外客户最喜欢的还是和产品的专业生产商（Manufacturer）打交道。

那么初出茅庐的外贸新手如何在茫茫产品中确定自己产品的关键词和产品类别呢？这时，你有如下工作要做。

一、选定大方向

一开始，必须选定自己的大方向，如五金、机械、杂货、圣诞礼品，等等。这个通常由自己的爱好、朋友介绍、所在外贸公司或工厂经营产品的范围来决定。作出这个选择应该不是很困难的。切记不要眼高手低，跟风去做某种产品。要相信自己可以把每种产品的业务做大、做强。三百六十行，行行出状元，关键看自己如何去经营。

当选定了产品的大方向以后，我们知道一类产品下面包含了很多门类，门类下还有小的产品分支，然后才是具体到每种产品有不同的尺寸、样式、用途等。做外贸业务，做什么产品，一般确定到产品**门类**就可以了。

比如我们选定了做生活用品中的牙刷，那我们推销的产品关键词就是牙刷。当然你也可以推销得更细，因为牙刷可以分为：普通牙刷、电动牙刷、超声波牙刷、屋型牙刷、单头牙刷、牙缝刷等。如果关键词选择得太细，搜索客户的面就可能过窄，所以我个人建议使用这一级的关键词（Key Words），作为外贸业务初期的大方向。

具体到搜索的时候，你可以参考同行业其他国内外公司、工厂的英文主页，里面有详细的产品名称，还可以到客户的主页上去搜集关键词，这些就是你专业的关键词的来源。

二、做简单的市场调研

有的业务员仍然无法确定该做什么产品和门类，这个时候就可以做个简单的市场调研（Market Research），看看什么产品适合自己。

每类或者每种产品的发展规律都是遵循如图 3-4 所示的。

从进入市场（Introduction），到成长期（Growth），到成熟期（Maturity），最后是衰落期（Decline）。每个时期对于销售者都有不同的机会和

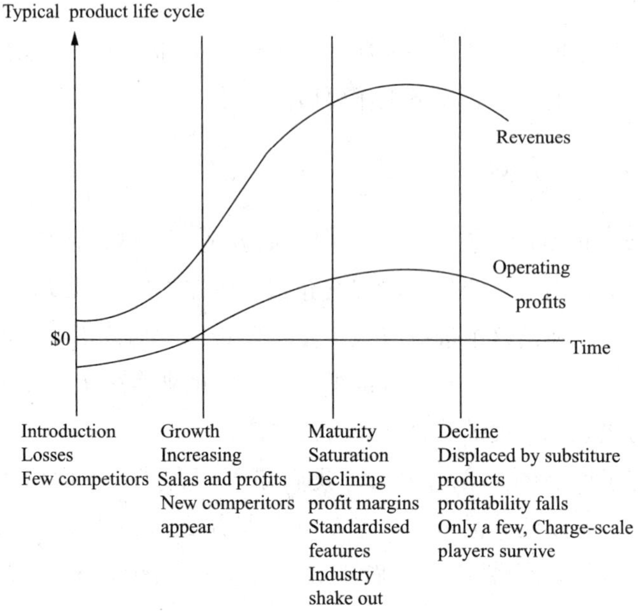

图 3-4

挑战。

在进入期时，业务员的主要工作是熟悉产品类型和基础知识，并将这些信息传达给潜在客户，告诉他们如何使用这些信息为他们的公司创造效益。

在销售迅速成长的时期，产品质量和服务才是最吸引客户的，这个时期的挑战是建立自己的品牌和信誉。

在产品销售的成熟期，卖方市场让位给买方市场。在竞争者瓜分"蛋糕"的同时产品利润降低，这个时期产品的发展方向是开发新产品，树立新品牌。

在产品的衰退期，通常公司或者业务员会试图赋予老产品一些新的用途，寻找新市场，或者是竭尽所能赚取最后的利润。

现在多数外贸业务员做的产品都处于成熟期，那么在确认自己产品关键词的时候，你就必须考虑到现在是买方市场这一因素。如果公司的实力比较强，有各种产品不断地推陈出新，那你的关键词也可以随之变化。如果产品大众化，那你和其他供应商之间拼的就是价格和服务了。当然，必要的质量是游戏规则的准入门槛。

三、让客户帮你确定产品

还有就是一种本末倒置的方法，让客户来帮你确定你做的产品。这种方法主要是看你的运气如何了。

例如，你推销五金产品这个大门类，大家知道五金产品包括很多，那么你可能要花很多的工夫了解，推销各种不同的小门类的产品，比如螺丝刀、榔头、卷尺、螺丝、螺帽等。随着你工作的深入，或多或少会收到对各小门类产品有不同需求的国外客户的询盘，甚至是订单。如果你继续做同样的推销工作，慢慢你会发现某一小门类的产品所收到的订单和销售额比其他产品突出，这个时候你就可以专注地把这个产品作为你的主打产品，同时因为这个产品订单多，你自然投入的精力更多，对产品更熟悉，生产流程更清晰，市场行情的把握更得心应手。那么你会下意识地投入更多的时间和学习到这个产品上，最终你的核心关键词也就自然脱颖而出了。

第三节　如何看待利润的多少

几乎每个周末都要约上几个做外贸的朋友，聚在一起讨论一下人民币汇率，原材料价格，国际油价，各个国家在经济、能源等各方面的最新政策、产品发展动态、对出口产品的报价、对利润率的影响等。

2008 年我常感叹：唉，今年的利润不如去年啊，受汇率影响还是挺大的。因为我有个原则，如果客户对产品的价格非常敏感，在产品利润无法报高的情况下，那么报价最低就报：人民币价格除以当天汇率，这样毛利率也就是退税 13%（假设），但是上一单是这样，过了几个月以后，受人民币升值、原材料上涨等因素的影响，利润空间明显缩水，甚至要亏钱进去，有的单子接下来了，却不敢做，因为订单还有一个生产周期，而且等到生产完毕时，汇率升高的部分把利润给抵消了，这特别反映在旺销的产品和石油副产品（如塑料品）上，这样的结果是同时浪费了自己和客户的时间。

通常我的习惯是主动地去找大客户，在2008年的那种经济环境下，我有时很矛盾，因为找的客户都是大客户，而人人都知道，当时卖家间的价格战打得异常激烈。虽然客户的采购量大，但客户对价格敏感，因此利润空间很小。客户下单以后，人民币一升值，原材料价格一波动，产品利润就保不住了，有时候甚至要亏钱，企业抗风险的能力明显下降了。可是为了保住客户，我们又不敢报高价格。

本来你在网上利用免费资源找客户，比起那些连询盘都没有的人，碰到客户的回复已经是你的福气了。与其以低利润接客户的订单，甚至自己承担较大的风险和心理压力，还不如适当地提高报价的利润空间。这样就算客户下单以后，影响产品报价的因素变了，利润空间仍然得以保存。同时，也把不能接受你报价的这些客户排除在你的目标客户群外。总之，不仅要确保自身利润，同时，也要保证自己的产品质量和信誉。

人民币的升值或者原材料的涨价，提醒我们应该在报价时给自己多留一点利润空间（如5%～7%），供日后跟客户议价时使用。一般情况下，和客户建立了良好的业务关系以后，最好不要随便调整价格。因此，在人民币汇率和原材料成本如此不稳定的今天，一定要把握好报价和利润之间的关系，广泛地汲取原材料及加工环节的信息情报。

另外有业务员问过我报多少合适，这个我觉得旁人说不好，没有模板可以参考，除非你问的人是和你做同样产品、有同样市场和同样客户群的人，但是如果这样，那别人为什么要把这些最核心的商业秘密告诉你呢？因此，在自己心里多问几个为什么：你打算赚多少利润？你的客户群是高端的还是低端的？客户能承受什么价格？熟悉自己产品的行情，价格基本还是能够把握好的。关于产品利润的把握，也可以参考我在序中提到的“杂货店理论”。

除此之外，国外的销售渠道和方式与国内也存在着相当大的不同，请看如下分解：

一次我和一个美国客户也是朋友（男）闲谈，他说根据他们国家的法律和商业惯例，即使在产品品质和服务相同的情况下，价格低也不一定可以中标。我们设定如下场景：A男，B女，他们分别给C公司（采购商）提供产品报价，假设A、B公司提供的产品品质和服务相同，而且他们都和C公司没有任何的人脉关系，即使A的报价比B便宜一些，但是最终中标的还是B。我很不解，为什么呢？随后客户将原因娓娓道来，就因为B公司的老板是女性，他们国家提倡的是公平的理念，女性创业更是不易，所以在政策上有所倾斜。因此，在不少西方国家，如果公司存在少数民族、弱势群体、女性、残疾人等因素，对于拿到订单合同是有很大优势的。

所以如何看待利润、报价的多少，不是一概而论的事情，需要通盘考虑各方面的影响。要知道降价有时候并不是万能的。

第四节　付款方式及合理的风险转嫁

做生意的目的是什么？就是合法合理地赚钱。做生意是一定有风险的，做生意，有赔有赚，这是再平常不过的事情了。正因为有风险的存在，才需要我们想办法去合理地规避风险。为了谋求高利润而牺牲自己的利益，整天生活在高风险的阴影下，惶惶不可终日，对于做出口外贸业务来说，我觉得是得不偿失的。

就我的经验而言，客户一般会关注的利益集中在如下三点：定价（Pricing）、付款方式（Payment Terms）、交货期（Delivery Time）。除此之外，质量是准入门槛，关于这一点在此不做专门的赘述。

一、定价

工厂和外贸公司的运营成本有所不同，利润率的控制也随之不同。就外贸公司来说，如果你有固定合作的工厂，那不用多说了，你一定能拿到有竞争力的价格。但是对于一个新手，你从工厂拿好价格，是需要时间的。

作为新手，起初你要充分了解你做的产品，然后通过阿里巴巴等网络广泛收集生产商资料，并对比各家价格。寻找与性价比较好、供货及时、付款方式有利的生产商合作。**找到一个好工厂的重要性不亚于你找到一个好客户。**有了好工厂的支持，你不仅能获得高质量的产品，而且能获得比较好的底价，从而提高自己报价的利润，减少由于外部因素变化，引起你利润降低的风险。而没有好的工厂支持，很可能由于后续服务质量差而失掉客户。好工厂是需要业务员慢慢精心培养的，你与工厂的关系是一衣带水、相辅相成的。

在和客户建立邮件往来以后，一开始给客户报的价格，必须具有一定的弹性。客户要求降价时不要随便降价，要先摸清行情。

案例分享

客户希望签订一年的合同，并且锁定价格不变。其实一年是不太现实的，因为人民币汇率不是很稳定，原材料价格也存在上涨的危险。随后，我报了一个价格，和他的目标价格（Target Price）差0.5美元。客户执意坚持自己的报价。

于是，我给客户作了如下解释：

“你看我们已经花很多时间来谈论价格问题，我们之所以坚持我们的价格是有原因的。一旦签订合同，我们的价格就是个LOCK价格，所以无论原材料上涨或者人民币升值，甚至成本高于我们约定的价格，我们都不会改变我们的定价。您也了解现在×××产品的市场行情，人民币汇率和原材料成本的波动幅度，可见我们必须单方面承担可能由于汇率改变和原材料涨价所带来的压力和风险，我希望您能体察到这一点。

“同时，我们为贵公司也制订了灵活的专业服务计划，一旦原材料价格有所下降，我们会及时给你们相应批次产品一些折扣。

“你要知道你多花的0.5美元买到的不仅仅是我们的产品，更是我们贴心的服务。”

总之，让客户感觉你说得有道理，并时刻站在他的角度思考问题，为他们着想。

二、付款方式

迄今为止，我还没有在付款方式上出现过任何问题。因为我的付款方式都是对自己有利的，我一般不会使用对自己不利的付款方式。

以下是我与新老客户做生意的付款方式：

1. 新客户

（1）50% T/T in advance＋50% T/T the balance by B/L copy

（2）100% L/C at sight

（3）30% deposit＋70% T/T the balance before shipment

2. 老客户

除如上方式外，还有 30% T/T in advance ＋70% T/T the balance by B/L copy。

另外付款方式在序言中也有详细的阐述。

三、交货期

要记住供应商的责任，只要你跟客户确认了，没有什么意外的话，一定要做到准时。为了稳妥起见，建议在客户下单前，和客户确认交货期（Delivery Time）时，适当多增加两天的时间，避免因为特殊情况引起的不能按时交货。

案例分享

我做外贸以后有幸认识了一位朋友，外贸业务能力特别强，也是学技术出身，后转行做外贸业务。当时我的外贸业务水平还处于起步阶段，手头客户很少，多数时间都在找客户。那个时候最缺乏的就是和客户沟通的经验，特别是在与客户协商（Negotiation）的时候，经常为一些细节问题苦恼。如如何谈付款方式，是否让步等。

记得当时有个客户很麻烦，付款方式是 D/P，还是 90 天的，让人难以置信。但是看到有客户来，我便有了急于求成的心理，答应了客户的要求，他看到这样的问题，跟我说了他的意见。

1. 他建议付款方式只做两种

（1）100% T/T in advance

（2）50% T/T the pre-payment＋50% T/T the balance by B/L copy or before shipment

不做信用证，不做D/P，这个一定要坚持，这样做他的业务量一直没有减少过，年利润一直在360万元人民币左右。

2. 报价

就他的产品而言，5 000美元以下的单子，至少要保持30%的利润，5 000美元以上的可酌情降低利润。

起初，我还不能完全理解他的做法，直到我遇到一个新加坡客户以后，我才彻底理解了他的做法，现在回想起来，这个新加坡客户应该是生意场上的江湖老手了。以下是事情的经过和我的感悟。

开始和客户谈的时候客户希望是30%定金+70%收货确认质量以后付款，我坚决不同意第一次就这样做，我说我们没有操作过这种付款方式，我们只同意：30%定金+70%余款见提单传真件。本来以为万无一失，但是后来由于工厂的原因，交货期比客户要求的延迟了四天，客户非常着急，天天打电话来催货、抱怨。没有办法，我只好跟客户谎称货物在从工厂到港口运输途中遇到暴雨天气，部分外箱被淋湿，要拉回工厂重新包装。当然这是缓兵之计。

但是客户仍然不依不饶，天天催，弄得我也十分内疚。

客户要求电放提单，而且说收到货以后会马上付款。为了表示我延迟交货的歉意我答应了客户的要求。没想到的是，客户收到货后，说外箱破损，要退回来，但是迟迟不见行动，也不付无问题货物的余款。

如上所叙述发生的事情，印证了我那朋友说的一段话：做生意，有风险，我们可以尽量去避免风险，但是我们必须考虑到突发的情况，尽量不要做亏本生意。所以付款方式一定要坚持。客户跑了可以再找，但是有的时候一个有风险的妥协就有可能令你血本无归！

还有什么办法可以更好地转嫁风险呢？对于采购规模比较大的客户，我们可以尝试和客户谈谈，让他们预先打一部分的款项作为保证金给我们用于采购原材料，这样可以提前帮助客户采购好原材料，即使原材料市场和汇率有波动，也不会导致客户采购价格产生波动，达到稳定客户的目的。同时因为客户有钱和原材料压在已方手里，客户也难以随意地更换供应商，这不失为一箭双雕的好办法。

第五节　别被淹没在产品里

很多初出茅庐的外贸业务员很容易被淹没在产品的海洋里，不知道该如何选择产品去开发、推销。产品介绍缺乏主次，没有中心，这会导致客户对你专业程度的怀疑。

刚接触外贸，选择产品，大家都会想到的一般是比较宽泛的词汇。比如，我要做五金产品，我要做工艺品、礼品，我要做家具。等你深入进去，你会发现每一类产品包含的小产品（细划分）简直是成千上万。

特别是你进入某个客户的主页观察，有的客户的产品范围比较窄，就专做一类产品。但是绝大多数客户作为批发商、供应商，提供给最终客户群的产品不同，导致了他们的产品虽为一类，但品种却十分庞杂。这个时候作为一个专业的外贸人，十分有必要选 1～3 种具体的产品作为你的主打产品，用这些产品去找客户。你不可能对每种产品的属性、生产工艺等知识全部吃透，那么在你对产品的了解力度不够的情况下，一旦客户向你提出专业性的问题，在你给客户解释时，就很难把握到问题的本质，做出的解答通常也是泛泛而谈，那么客户就会感觉你不专业，对与你继续谈下去缺乏信心了。

当然，你也不用担心你的产品范围就此被局限住，因为很多时候客户和你建立业务往来以后，他还会采购一些相关的产品，这样你就可以随着客户的采购需求，慢慢拓展你的产品面了。我的意见是在业务前期，在自己没有任何主观想推销的产品的情形下，可以靠客户的需求来拓展产品面，而不是盲目地去寻找；当然如果自己很有目的性地去推销自己确定的产品就更好了。

一旦你确定了自己产品的小门类以后，就必须持之以恒地去开拓这一小块产品的客户。当然如果你在这个小门类产品里建立了稳定的客户群，那你可以根据客户的公司网站信息或者市场的需求，逐渐扩展你的销售种类。这是在选定产品门类以后，在接下来的工作中需要注意的一点。

案例分享

一次，我在搜索引擎上搜到了一些客户资料，然后马上给客户发过去一封推销信，客户回复如下：

Dear Henry,

Please send me your catalogue.

Thanks and best regards,

Alex

这是一种比较常见的客户回复，虽然没有表现出客户的购买欲，但是既然他花时间回复就说明他还是有一定兴趣的，希望看看你产品的详细资料。如果有机会一定能合作。

根据客户的回复，我仔细浏览了一遍客户的主页，发现很多产品我都能提供，尽管有些不是自己熟悉的工厂生产的。于是我就发了一份我用Word做的图文并茂的catalogue给客户。因为看到他主页上什么东西都在销售，而且这个catalogue是我早就做好的，因此，我觉得他会很满意。

结果客户的回复让我很失望：

Dear Henry,

Thanks. I got it. Nothing of interest at the moment. I don't think your company is able to make all products. I will keep you on file.

Best regards,

Alex

站在客户的角度，其实很容易把原因想清楚。大家都知道生产任何一类产品，肯定需要相关的专业生产线和生产设备，如果客户销售的所有产品，你说你都可以生产，那么你的生产规模得有多大，至少是世界500强了吧？就算你是个外贸公司，也不可能样样精通，所谓“术业有专攻”。所以虽然客户的主页上的产品都是我能提供的，但是客户看了我的catalogue以后会觉得产品庞杂，专业性不强。

因此，希望大家不要犯和我一样的错误，做产品一定要专业，要精！如果客户有更多种类的产品需求，他会给你发信或者打电话，要你帮他采购。

从此以后，遇到这样类似的情况我就发一类我最熟悉产品的catalogue给客户确认。如果你把一类产品做精了，一方面我相信销售额肯定是不错的，另一方面你还愁不能跟客户建立牢固的互信关系吗？

第六节 如何熟悉产品

什么类型的回复最让国外客户信服？那就是在你对产品深入细致了解后，针对客户的问题，能一针见血地给客户专业的答复，这是最能体现一个外贸业务员的专业性和说服力的。要达到这个标准，你就必须花“狠”功夫去熟悉你所经营的产品。

有不少外贸业务员在与客户邮件沟通或见面交谈的过程中，回答问题始终无法切中要害，经常会出现说空话、套话，“踢皮球”的行为。要知道客户都是专业人士，他们可不吃这一套，唯有深入熟悉自己的产品，你的回答才会有的放矢。要做到这一点有如下工作需要去做：

一、基本了解

初级阶段是对你所销售产品的名称、分类、外观、型号、常规包装方式、产品行业标准等属性的基本了解。你可以自己主动根据自己销售的产品或根据客户的需求，广泛查阅同行业工厂或外贸公司的主页；同时也可以浏览相关国外客户的主页，熟悉产品的概况。

有条件参加展会的外贸业务员，还可以索取同行业公司、工厂的样本册，了解不同厂家产品的异同，丰富自己的视野。

★ 注：对于该产品在行业内的龙头企业的基本概况最好能有较为详尽的了解，这有助于你在与客户洽谈时用丰富渊博的知识体系来体现自己的商业分量。如塑料行业，如果你知道 BASF、DOW，知道他们在 PP 这个领域常见的在销产品的牌号、生产商、销售商品名称、供应商名称等，这对于你销售工作的辅力很大。

二、深入工厂

参观工厂或在工厂实习，首先必须牢固地掌握工厂的成立时间、员工人数、厂房面积、有多少加工设备、质量控制体系、拥有哪些证书。从原材料进厂检验，各流程的生产工艺和生产中检验，产品包装，到出厂前检验的全过程，你要做到如果客户来工厂参观考察，自己 有能力独立、全面地给客户介绍工厂的情况。同时最好随之介绍工厂的下一步发展规划，因为没有最好只有更好！

与工厂生产、技术部门的相关人员探讨工作中碰到的关于产品的专业问题，熟悉产品生产的基本流程。要知道对产品加工过程中一些术语的了解，对你日后专业性的体现都是有所帮助的。比如，在工作中收到客户的邮件说"你提供的样品与客户的花色不同"，那么就可以问问工厂是什么原因造成的，是染料的选择问题，还是生产加工环节的问题等。随着你碰到的各种问题的增多，你逐步去了解，去解决，渐渐地自己就会变得非常专业。

三、悉心取经

通过与比自己更专业的同行业老业务员的交流来熟悉产品。面谈的作用一定比在网上、书籍上学习来得快，方式也更加灵活，实用性更强。

虚心向客户求教。只要你问的问题不是过于简单，不是外贸业务员应当具备的基本知识、素质的问题，你虚心向客户学习，提出要求和客户讨论，通常客户是很愿意与你探讨和互相分享经验的。

第七节　表单转邮件地址的解决办法

如果知道一点网页的源代码知识，对外贸业务员的工作是很有帮助的。我这里就转述一下网络上 Sam 料神的帖子，因为总结得比较翔实。

比如，像某些网页的 CONTACT US 页面里面，没有邮箱地址，只有一个让你填资料的表单。这个时候，你就可以根据表单是否有"多重指向性"下拉选框来直接判断是否能通过网页的源代码找到邮箱。

什么是"多重指向性"的下拉选框呢?

首先我们来说"指向性"。如果这里的"下拉框"只是让你选择你是哪个国家和地区的，那么就不具有指向性，只是给你提供了一个便利，可以直接在下拉选框进行选择，而不需要去填写。

还有，如果只是一些让你选择"是从什么途径知道我们公司"的下拉选项，这个也不具有指向性。

下面举一个“指向性”的例子：“你的 comments or inquiry 是关于什么的?”在你选择之后，网站程序便可以根据你的选择来判断把你的 comments or inquiry 投递到某个具体职能部门的邮箱中。

比如“多重指向性”可能让你选择：

General inquiry

Inquiry for products

Marketing

Sales services

Customer services

一般情况下，当你选择了某个选项之后，网页的源代码会对你的选择进行判断，然后转到其相应公司的职能部门邮箱中去。而这些邮箱，80%可能藏匿在网页的源代码中。

这时你只需要查找源文件或者源代码，然后摁“Ctrl+F”来搜邮件符号“@”或者搜“option value”即可找到客户的邮箱。

利用源代码来查找网页表单“多重指向性”下拉选框中隐藏的邮箱，其实这已经不是一个什么秘密。

我们先来看一个小例子，比如 www. nstone. com 这个网站。此站虽然我找到的不是非常有用的邮箱地址，不过在此先做示例：

我们打开 contact us 页面：

http：//www. nstone. com/index. php? ... tid=2&Itemid=85

可以发现这里有一个常见的需要填写的表单，表单中有一个“多重指向性”的下拉选框，如图 3-5。

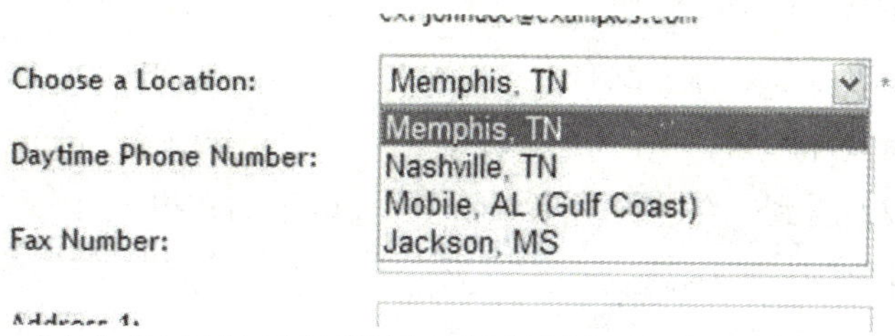

图 3-5

这时，你可以在表单的空白处右击鼠标右键，在弹出的右键菜单中选择“查看源文件/源代码”，这样会打开一个 TXT 的文本文件：

直接摁下“Ctrl+F”，在弹出来的对话框内输入“@”或者“option value”，再点击“确定”。就可以查找到所有的邮箱。

<select name=" to _ location" >

< option value = " bfloyd @ nstone. com " > Memphis, TN </ option>

< option value = " bevin @ nstone. com " > Nashville, TN </ option>

<option value=" torr@nstone. com" >Mobile, AL (Gulf Coast) </option>

<option value=" September" >Jackson, MS</option>

</select>

这里的 select 是网页制作的基本语言 HTML 中“下拉菜单”的代码，option 是具体某个选项的代码。我们可以看到，其中包含三个邮箱地址：

bfloyd@nstone. com

bevin@nstone. com

torr@nstone. com

由于这是一个销售类型的公司，因此每个邮箱地址对应的实际是不同区域销售人员的联系邮件。根据这个，我们也可以推断出，所有这个公司的员工包括老板，其邮箱可能都是××××@nstone. com 的形式。

下面我们看另一个例子：

特别注意：这个时候如果网页表单中没有“多重指向性”下拉选框，一般不需要再看了，因为没有下拉选框的控件 select 和 option，基本不会存在隐藏指向性邮箱。

这里我们看到，在“E-Mail naar afdeling”的右边，有一个下拉选框。如图 3-6 所示。

Verkoop / Sales

PR & Communicatie

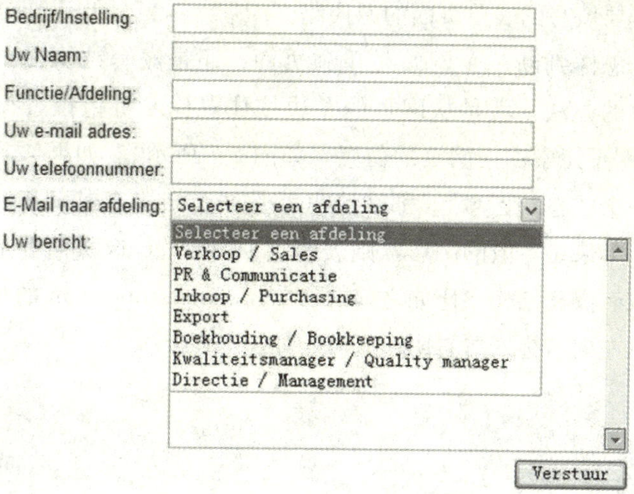

图 3-6

Inkoop / Purchasing

Export

Boekhouding / Bookkeeping

Kwaliteitsmanager / Quality manager

Directie / Management

我们看到了 Verkoop 和 Inkoop 这两个词，荷兰语（Dutch）里分别是“销售”和“采购”的意思。看到 Inkoop，对应了 Purchasing，我们需要的就是它。下面查看这个网页的表单部分的源代码。查看一个网页的源代码有很多种方法。有的浏览器如火狐、搜狗、chrome 这些都支持鼠标右键菜单，“查看源文件”。

如果你还用着 IE 这样的低效浏览器，也可以在顶部菜单“查看（v）”中找到“源代码（c）”。（源代码的英文是 source code 或者 code）。

★ 有的时候，网页用的是框架或者嵌套结构。那么，你所看到的网页实际上并不是一个单一的页面，可能是两个或两个以上的网页组合或者嵌套而成。

这种情况下，鼠标右键点的位置不同，查看的是不同网页的源代码。你如果随便在网页的两侧空白处点查看源代码，那么可能看到的是整体框架，而不是要填写的表单页面的源代码。

那么，怎样判断一个网站是单独页面，还是嵌套结构呢？有种很简单、很有效的办法，就是从网页的左边按住鼠标左键拖拉过整个网页时（阴影代表网页元素占据网页的位置，如图 3-7 所示）。如果你看到表单那个位置是一个“整块区域”，那么这里就是嵌套结构，嵌套了一个单独的表单网页。如果是零散的阴影，则表明整个 contact us 页面都是一个单独的页面，没有嵌套结构，比如之前的那个 www. nstone. com 的小例子，我们用鼠标从左向右拖，看看阴影区域，如图 3-8 所示。

图 3-7

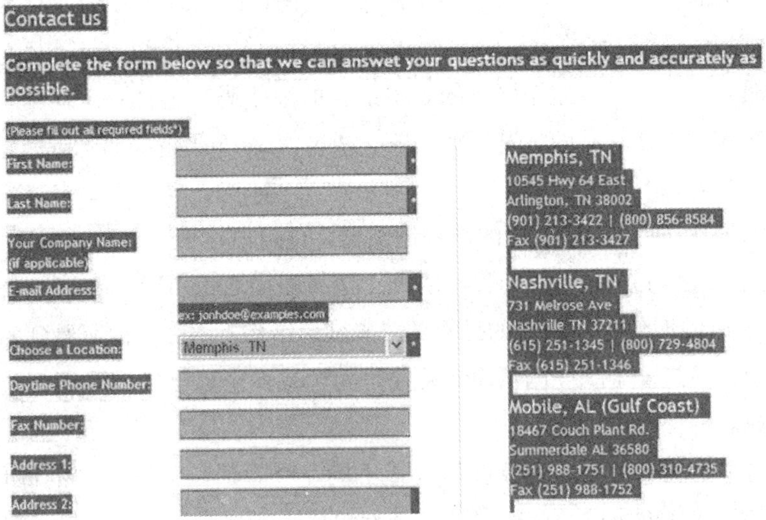

图 3-8

这种分散的、不是整块的阴影区域，就说明没有嵌套结构，你只要在页面的任何一处点击右键查看源代码即可（不需要在表单区域内点击右键）。

搜狗浏览器不提示网页结构，所以会直接显示“查看源文件”。你点了打开源文件之后直接搜索即可找到，如图 3-9。其他浏览器如火狐，会有网站结构性的提示如“此框架”，那你就优先看这部分结构里的源代码即可，如图 3-10。这时你要做的就是确保在这个表单的区域内（阴影范围内）点击鼠标右键。

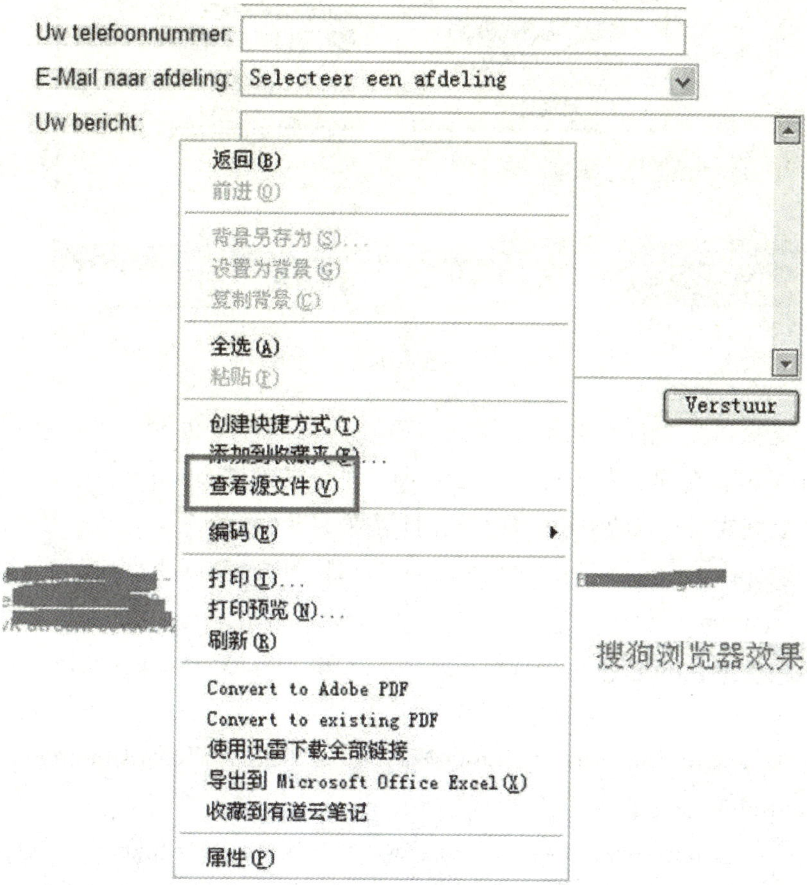

图 3-9

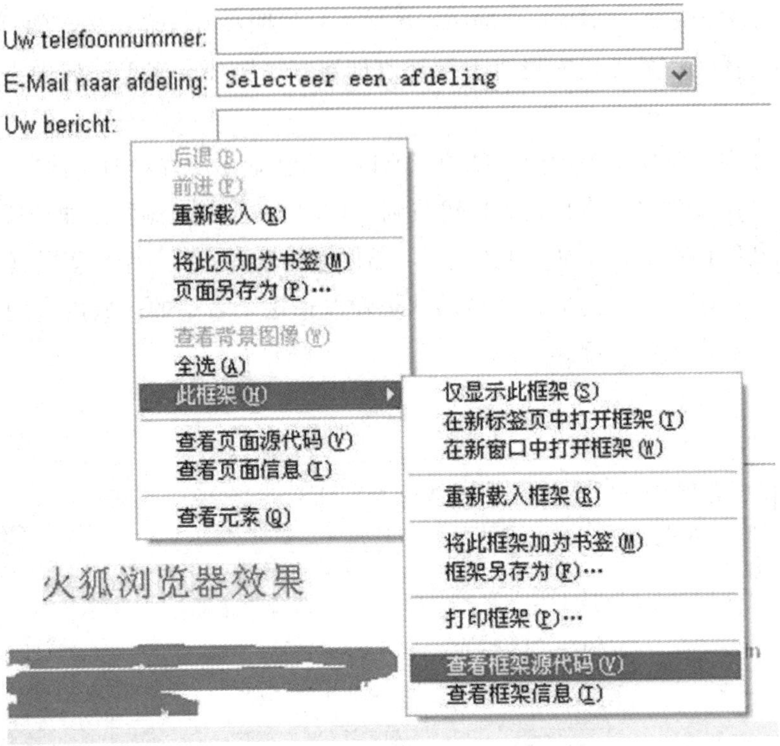

图 3-10

查看“源文件”之后，就会打开一个 TXT 的文本文件，直接摁“Ctrl+F”。在弹出来的对话框内输入“@”或者“option value”，确定。就可以查找到所有的邮箱。现在我们来看看结果：

<option value="info@×××××. nl" selected>Selecteer een afdeling</option>

<option value="info@×××××. nl">Verkoop / Sales</option>

<option value="info@×××××. nl">PR & Communicatie</option>

<option value="purchase@×××××. nl">Inkoop / Purchasing</option>

<option value="info@×××××. nl">Export</option>

<option value="m. hordijk@×××××. nl">Boekhouding / Bookkeeping</option>

<option value="info@×××××. nl">Kwaliteitsmanager / Quality manager</option>

<option value="info@×××××. nl">Directie / Management </option>

PS：此处具体的网站和网址根据客户的要求已经做屏蔽处理。

从上述源文件中可以看到，我们最需要的邮箱已经被找到：purchase @×××××. nl。

除此以外，还有 info 的邮箱，和一个 m. hordijk@×××××. nl 的邮箱。这个看邮箱前面的账号，应该是个人名，名字应该是 M×××× Hordijk。

那么他可能是什么职务呢？这个人的邮箱对我们是否也很重要呢？会不会是什么 GM、CEO 或者 President 之类的高层呢？

我们继续利用 GOOGLE 翻译来查看 Boekhouding，从荷兰语翻译成英文可得到结果：这个是 account、accounting 一类的词语，应该是财务方面的，可能是 CFO（财务经理或财务总监），那么这个应该不是我们要找的人（邮箱地址）。

于是，在发现到的邮箱中，purchase 的权重最高，其次是 INFO，再次是财务部门 m. hordijk@schinkelmedical. nl。

好了，这个例子中讲到了网页的表单中有“多重指向性”下拉选框，进而我们利用查看源代码的方法找到隐藏的邮箱。

那么，是不是网页上有表单，也有多重指向性下拉选框，就一定能找到隐藏邮箱呢？

不是。大概有 70％～80％的概率是能查找到的，还有大概 20％～30％的概率查找不到！比如我们看这个网站：

http：//www. microflex. com/About－Microflex/Contact－Us

你也能看到一个需要填写的表单和具有明确指向性的下拉选框，如图 3-11。但是，你查看源文件或源代码，查找“@”就找不到邮箱。这个时

图 3-11

候，我们查找“option value”，找到如下代码：

<option value="Product question">Product question</option>

<option value="Request Certificates of Analysis">Request Certificates of Analysis</option>

<option value="Request for information">Request for information</option>

<option value="Suggestion">Suggestion</option>

<option value="General Inquiry">General Inquiry</option>

<option value="Employment Opportunities">Employment Opportunities</option>

<option value="Other">Other</option>

可以看到，这里 value 后面是一些文字，而没有邮箱地址。

这是因为源代码中赋值、传递参数和逻辑判断的方式不一样（如果你学过编程基础的话，应该知道我说的赋值是什么意思，option value 本身就表示“选项的值”的意思）。

打个比方，在之前的那个例子中，网页的源代码里，写代码的人员是直接把 purchase@×××××.nl 这个值，直接赋给“Inkoop / Purchasing”这个选项。这个也可以理解为直接赋值。就相当于：选项 A＝邮箱地址（把邮箱地址赋值给 A），而且这句命令直接写在了网页里。

下面的这个例子，是在网页的源码里，写代码的人员用了不同的变量来定义不同的选项（你可以理解为代号），并且不在这个网页中做出直接指向，而是递交到某个在你提交表单随后进行判断处理的网页，随后再递交。

比如：如果你选了“Product question”，然后提交，在后台你看不见的地方，在一个判断程序的网页中，它可能会先进行分类，然后根据你选择的“Product question”选项，把你填写的内容指向销售部门或者产品经理的邮箱：sales@microflex. com 或者×××@microflex. com。

这就好比多走了一个路径，你自然看不到源代码中的邮箱，因为现在变成了“选项 A＝某个代号”。如果你选中的是 A（某个代号），那么提交后先到后台一个判断的页面，来逻辑查询这个代号表达的意思和要指向的邮箱地址。因此，这种情况是不可能通过源代码找到邮箱的。

本章小结

商场如战场，如果不能分清敌我，审时度势，把握机会，如何能打一场漂亮的歼灭战呢？外贸业务亦是如此。首先你需要知道谁是你的目标客户，或者说什么样的资源可以被称之为客户资源。寻找这些客户资源需要什么先决条件——产品关键词。对自身销售产品的熟悉和专业性，会极大地影响你成功感染客户的机会和时效。在找到并联系上客户的前提下，如何报价和规避风险，促成客户下单十分关键，所以做外贸的目的必须明确。

运筹帷幄，决胜千里。这句话是有前提的，那就是知己知彼。

第四章
手把手教你利用免费资源找客户

第一节　使用搜索引擎寻找客户

大多数外贸新手最头疼的问题就是找客户，问得最多的问题也是“你是如何利用网络上的免费资源寻找客户的”，我觉得最直接最有效的办法还是利用搜索引擎找客户。其实具体该如何操作在网络上、论坛里或者许多外贸书籍上都有相关的介绍，但是外贸新手仍然觉得不够直观、具体和系统，下面就图文并茂地给大家展现出来，供大家参考。搜索引擎就是个树形图，请见图 4-1。

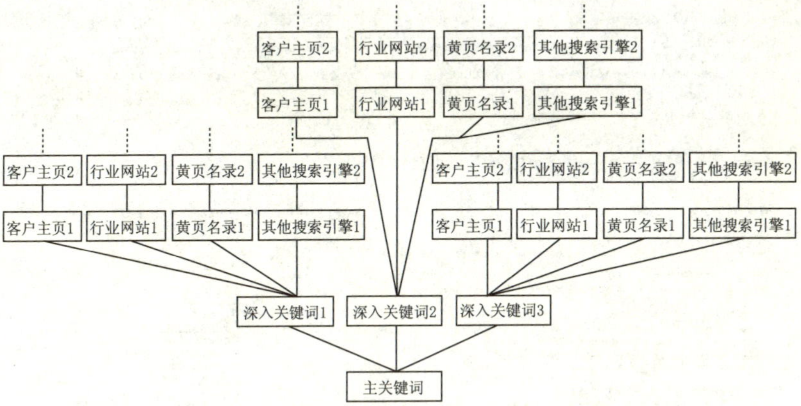

图 4-1

由如上的示意图，大家不难看出，我为什么首推和钟爱使用搜索引擎来寻找客户。因为这样搜出来的客户的信息量实在是 B2B 网站所无法比拟的，变换不同的搜索引擎和不同的关键词，会让这个树形图变得异常庞大，同时在其中有些条目还有可能变成“主关键词”，所以大家要善于利用。

找客户是一环扣一环的，就像剥洋葱，有很多层。另外它也像是一块织物，纤维互相穿插。

下面我就列举一下我是怎样利用搜索引擎找手套客户的。

★ 注：搜索引擎有很多，如 GOOGLE、YAHOO、MSN、AOL、DOGPILE 等，不同国家还有自己比较常用的搜索引擎，比如我们国家商人常用百度。虽然搜索引擎的种类繁多，但是使用搜索引擎的方法是一样的，只是搜索出来的结果有些差异。

★ 如果你们看外国的电影或连续剧也和那些专挑穿帮镜头的屌丝们一样专注的话，在情节发展中你也可以发现角色在剧中使用的搜索引擎，细致的观察很重要。

一、简单搜索

你先在 Google 搜索栏输入：GLOVES，得到搜索结果页面如图 4-2、图 4-3、图 4-4 所示：

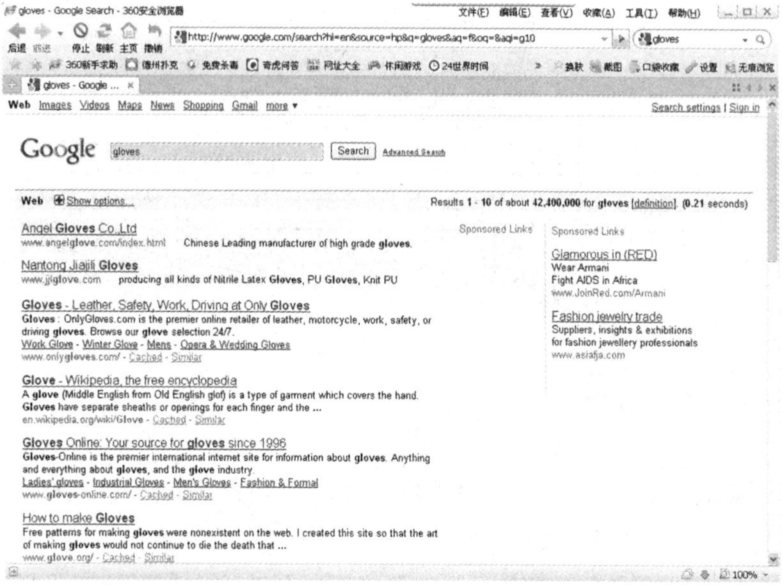

图 4-2

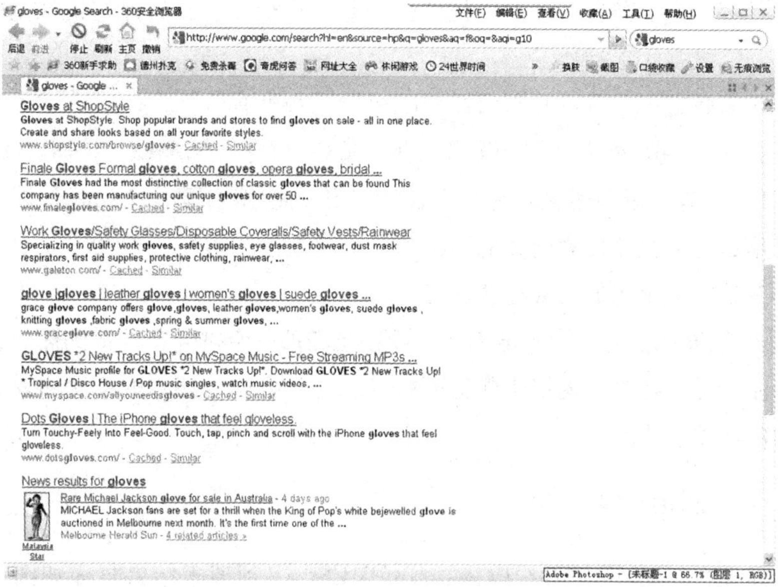

图 4-3

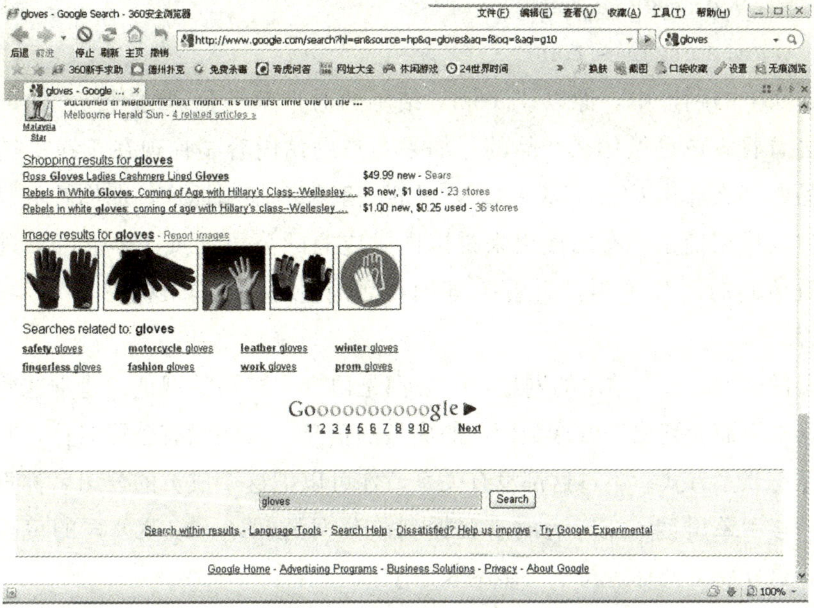

图 4-4

二、分类对待

我就用如上我搜出来的第一页来做个分析，如此类推。

首先我会先看搜索出来的每个条目下面的网址。这些网址一般就是公司、协会、相关机构的主页，这都是你尤其要关注的，网址如下：

www. angelglove. com/index. html

www. jjlglove. com

www. onlygloves. com

en. wikipedia. org/wiki/Glove

www. gloves-online. com/

www. glove. org/

www. shopstyle. com

www. finalegloves. com/

www. galeton. com/

www. graceglove. com/

www. dotsgloves. com/

如上的网址中，像以“. com”结尾的通常都是公司的网址，你可以进去看看客户是做什么产品的，如果客户网站内容是你现在正在推销的产品，那么点击CONTACT US，里面一般都有邮箱地址，那你就可以给客户发推销信了。有的搜出来是国内供应商的公司主页，你也可以进去看看他们的产品种类，看看关键词是否有什么不同，这也是个学习的过程。

像以“. org”结尾的网址，一般都是协会、机构的网址。通常这些协会网站里面会列出来做这个行业的成员的信息，有的只有公司名称，有的甚至有联系方式。不过这都没有关系，你可以把这个成员的公司名称再放到搜索引擎里搜一下，有时直接搜到该公司的网站，或该公司的黄页信息，这样就方便你进行下一步的联系了。

三、利用客户公司寻找其他目标客户（公司或工厂）的信息

我们点开第九条目：www. galeton. com/，打开以后我们可以看到这是个公司的主页，打开主页中的CONTACT US，我们能看到该公司的全称和详细联系方式，如下：

Galeton Work Gloves and Safety Products

Contact Information

Phone：800—221—0570

Fax：800—322—2003

E-mail：info@galeton. com

上述信息中有公司完整的名称，这有助于我们做如下工作：

1. 如果我们把该公司的名称输入Google里搜索，就可能看到该公司在哪些B2B网站上出现过，我们就可以马上到这些B2B网站上去注册、发布信息。因为我们喜欢去的B2B网站不一定是客户喜欢去的，只有了解客户的习惯，才可以有针对性地下手。这比漫天到处注册的工作量小很多，针对性也强很多。

2. 如果该公司参加了某些行业协会，那么我们就有可能搜到这些行业协会的网站，也就能看到其他公司的名称了。

3. 如果该公司在某些黄页、白页上也注册过，那么不但可以搜集到黄页、白页上的信息，还可以查看这些黄页、白页里面做该产品的其他客户的信息。

这样辐射出去，你的信息量就会相当大了。

看看我们搜出来些什么，如图 4-5。

Galeton Gloves in , US (United States)
Specializing in quality **work gloves**, **safety** supplies, eye glasses, footwear, ... **Galeton Gloves and Safety Products** (2003 12) View the company's product ...
safety.kellysearch.com/profile/**galeton+gloves**/us/901040434 - Similar

图 4-5

以上是公司名录的集锦，接下来你可以进入其他公司的主页，看看是不是做你的产品的，然后便可以发信了。

★ 从严格意义上来说 www. kellysearch. com 是一个搜索引擎，再进一步来说它是一个供应商的平台，一个供应商的集合，更多的倾向于黄页，但是它的简单操作更加倾向于搜索引擎。

如图 4-6 所示，搜索出来的另一个搜索引擎，可以用来做相同的搜索工作。

Galeton, MA Raynham | Specializing in quality **work gloves, safety** ...
Specializing in quality **work gloves**, **safety** supplies, eye glasses, footwear, ... rainwear, tool bags, tradesmen belts and other **safety products**. ...
www.masterseek.com/id/642811/**Galeton**.htm - Similar

图 4-6

★ 不同搜索引擎的收录范围是不同的，所以某些搜索结果也是不同的。

如图 4-7 所示，行业目录网站！Directories！从域名地址里直接辨别。

www.**galeton**.com - Qxiu Reviews: **Galeton Gloves and Safety Products**
www.**galeton**.com - **Galeton Gloves and Safety Products**, Specializing in quality **work gloves**, **safety** supplies, eye glasses, footwear, dust mask respirators, ...
www.qxiu.net/Directories/90250-www_**galeton**_com.htm - Cached - Similar

图 4-7

那是不是搜索出来像 ALIBABA 这类的 B2B 网站就没有用了呢？当然不是。原来我会在这些 B2B 网站上注册，然后发布我的销售信息，效果是有的，但是很杂，什么地方的都有，主要以非洲的客户信息为主。当然可能和你经营的产品类型也有关系，也许换个产品投放上去，询盘就是中东客户为主了。

后来我还这样使用 B2B 网站，像 ALIBABA，MADE-IN-CHINA 这样的 B2B 网站都有 Company List 这一项，里面就是公司库，可以分类搜索。比如我可以搜索美国所有做手套的公司名称，有了公司名称不就有办法了吗？马上把这个公司的名称放到搜索引擎中搜索，找到公司主页或者邮件地址，然后再发推销信，这样会更有针对性，同时对 B2B 网站的利用率也会更高。

但是，是不是 Company List 公司库里面每一个公司的名称都需要去做搜索工作呢？答案是不。随着你工作时间的延长，当然前提是你是个细心的人，你会发现每个行业的公司名称构成法里面会有规律，比如做 LATEX GLOVE 的公司，通常有"－TEX"这样的词缀；做 EXTRNDER 的公司，有"－PLAS"这样的词缀，熟悉了这些特征，会让你大大节约工作时间和提高工作效率。

经验漫谈

到此为止，仍然有外贸新手会发问：为什么没有找到更多客户，为什么发信以后效果不好。我分析了一下，得出如下结论。

1. 深入不够

每当你输入一个关键词到搜索引擎以后，跳转出来的信息至少有几十甚至上百页，你是否都逐条深入地看过了呢？大家知道我这里所说的所有方法，都是指利用网络免费资源，在深入看这些免费资源后就等于占领了先机。你只看了前二十页，而别人看完了后面所有的页面。你只看到了搜索出来的信息，别人还看了搜索出来的信息的链接的信息，他深入了，用活了搜索引擎，他就能找到你找不到的客户信息，所以对搜索引擎的使用尤其需要不断提高，不断总结。搜索引擎隔一段时间就会重新排名或者更新内容。如果你看完就算了，或者转向其他方面，而其他人会每过一段时间定时来看看，那么谁的效果更好呢？

2. 时间问题

我认为必须孜孜不倦地去重复劳动，去搜索客户资源，虽然这很枯燥，但是很有必要。这里又说回到外贸业务员所需要具备的心态，请参考序言中的内容。只有肯下功夫去做才有可能成功。

四、进一步深入跟进

如下内容是将上面搜索“GLOVES”这个关键词，搜出来的第一页内容的使用以及进一步深入跟进。

点击上面搜索出来页面的第二条 www. jjlglove. com，我们能看到，是介绍江苏南通的一个手套企业的内容。通常我猜大多数外贸新手会认为这是自己的竞争对手，而把页面关掉。

而我不会，我会做如下工作：

1. 看看竞争对手有些什么产品，哪些产品是我们现在没有的。

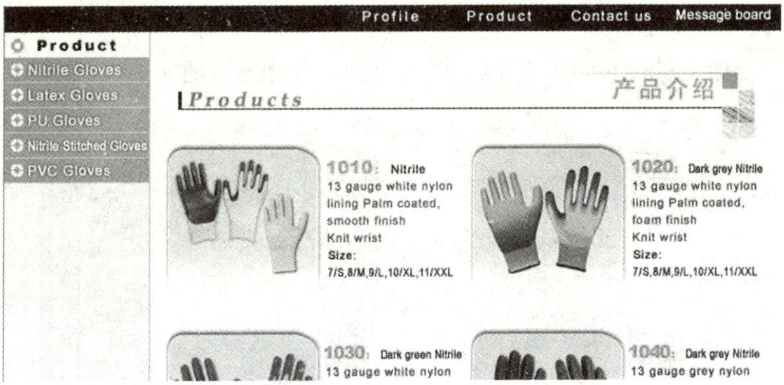

图 4-8

2. 如果这个公司和我们经营的是同种产品，它就是我们的竞争者，那我会把他们的公司名称 Nantong Jiajili Safety Products Co.，Ltd. 也放到 GOOGLE 里面搜一下，了解一下他们做哪些 B2B 网站的注册，这里可能有我们没有注册的，有的 B2B 网站上面供应商甚至会写上他们的单价，这些都可以供我们参考。

3. 我会看看他们的产品图片，好的可以用来借鉴，注意这里只能借鉴别人的拍摄手法，禁止直接复制使用别人的产品图片。另外有的企业会把客户的产品图片放上去，有时候产品会带有包装，那些包装图片上会有客户的名称，如果被相关当事客户知道了，该客户可以要求他撤销图片，以避免引起不必要的商业纠纷。

★4.（绝招）我会以客户的身份给他们发一封询盘信，打探他们的价格系统。当然你是否会被对方识破，全看你自己的伪装水平了。而且和你与真实客户的来信与回盘相同，通常需要几个回合下来，才能了解到竞争者的真实报价来供自己参考。

5. 如果发现有我方公司现在不做的产品，我会马上将其放到搜索引擎里，查看都有哪些国外客户在采购和它的市场分布情况。同时放中文关键词到阿里巴巴中文网站中，查看都有哪些企业正在生产或者销售这种产品。

随着 GOOGLE 公司不断拓展自己的业务范围和产品类型，其推出的 GOOGLE INSIGHTS 对我们工作的帮助更大了。

GOOGLE INSIGHTS 的链接地址是：http：//www.google.com/insights/search/。

打开如上链接可以看到如下搜索页面，如图 4-9 所示。

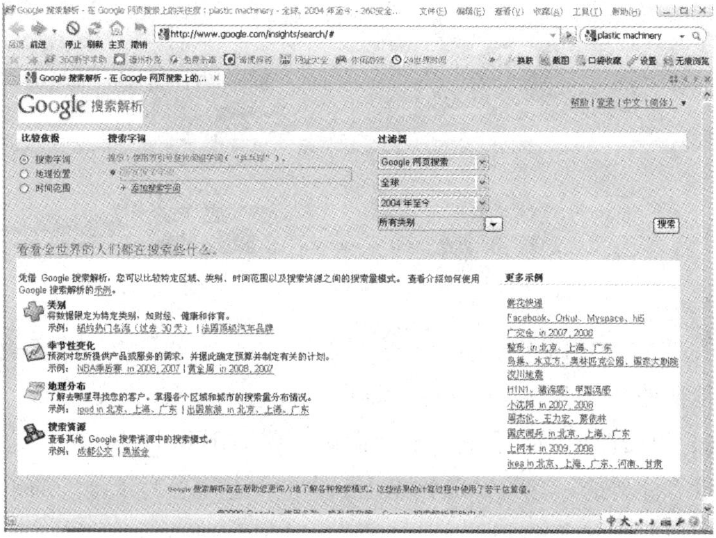

图 4-9

使用举例：

如在“搜索字词”下方的关键词框中输入“plastic machinery”，点击回车，出现如下搜索结果页面内容，如图 4-10 所示。

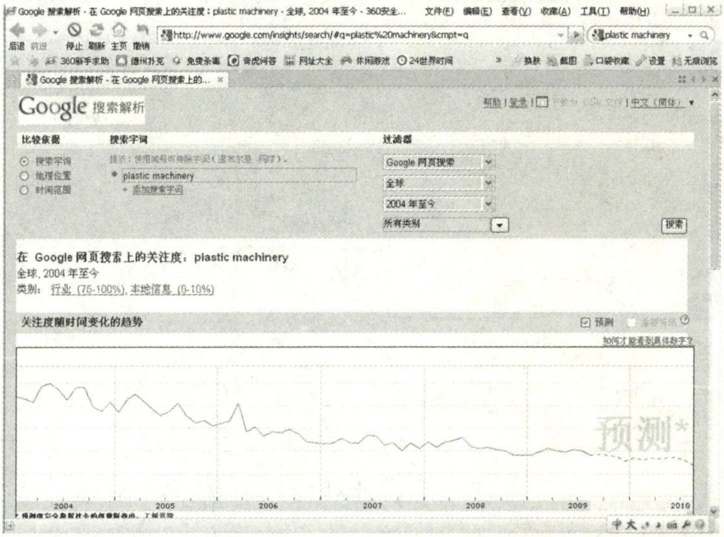

图 4-10

通过如上搜索内容我们不难看出“plastic machinery”这个关键词搜索出来的该产品的近几年的产品销量的走势，最有用的就是下方附上的产品地区分布情况，颜色越深的区域表示该产品的使用量和销售量越高。

由图 4-11 我们可以看出市场最活跃的是印度，这时把鼠标移到世界地图的印度版图上点击，跳转出图 4-12 所示页面。

这个时候我们可以知道在印度境内，每个不同地区该产品活跃度的情况，由图 4-13 我们可以看出在深蓝色的马哈拉施特拉邦该产品最活跃，继续点击它，我们可以看到如下页面内容。

原来这类产品最活跃的地方是在印度孟买的 Mumbai，那马上应该想到下次做页面搜索的时候是不是在选择产品关键词时可以用“产品关键词＋目的地区”的方式来锁定客户呢？比如，关键词可以是“plastic machinry Mumbai”，这样针对性不是更强了吗？

此外，大家还可以用这个搜索引擎看看其他国家的自己产品的销售分

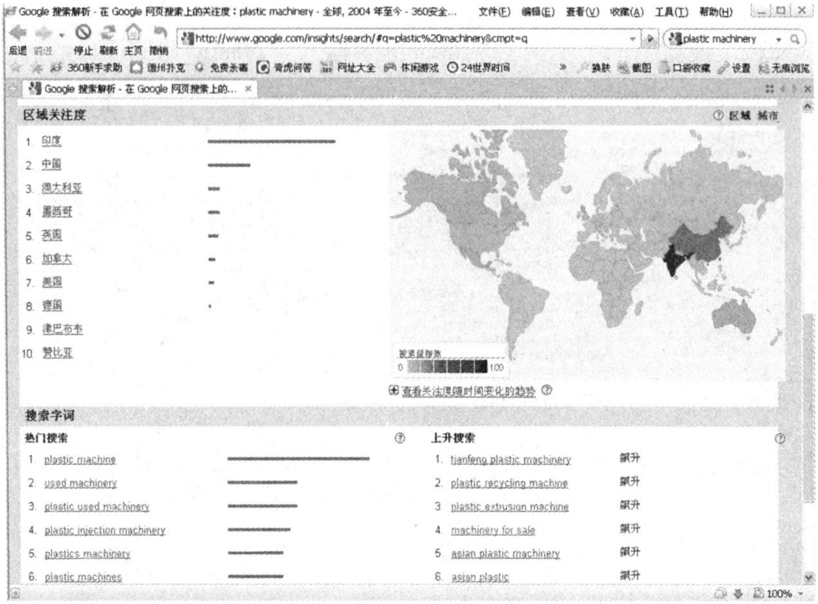
Google 搜索解析 - 在 Google 网页搜索上的关注度：plastic machinery - 全球, 2004 年至今 - 360安全...
http://www.google.com/insights/search/#q=plastic%20machinery&cmpt=q
区域关注度
1. 印度
2. 中国
3. 澳大利亚
4. 墨西哥
5. 英国
6. 加拿大
7. 美国
8. 德国
9. 津巴布韦
10. 赞比亚
查看关注度随时间变化的趋势
搜索字词
热门搜索
1. plastic machine
2. used machinery
3. plastic used machinery
4. plastic injection machinery
5. plastics machinery
6. plastic machines
上升搜索
1. tianfeng plastic machinery 飙升
2. plastic recycling machine 飙升
3. plastic extrusion machine 飙升
4. machinery for sale 飙升
5. asian plastic machinery 飙升
6. asian plastic 飙升

图 4-11

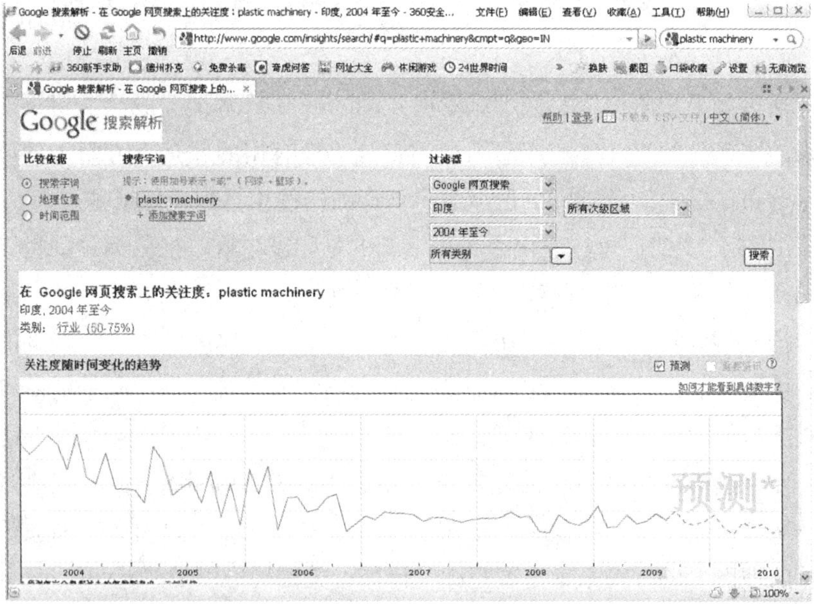
Google 搜索解析 - 在 Google 网页搜索上的关注度：plastic machinery - 印度, 2004 年至今 - 360安全...
http://www.google.com/insights/search/#q=plastic+machinery&cmpt=q&geo=IN
Google 搜索解析
比较依据
搜索字词
地理位置
时间范围
plastic machinery
添加搜索字词
过滤器
Google 网页搜索
印度
所有次级区域
2004 年至今
所有类别
搜索
在 Google 网页搜索上的关注度：plastic machinery
印度, 2004 年至今
类别：行业 (50-75%)
关注度随时间变化的趋势
预测
如何才能看到具体数字？
预测*
2004
2005
2006
2007
2008
2009
2010

图 4-12

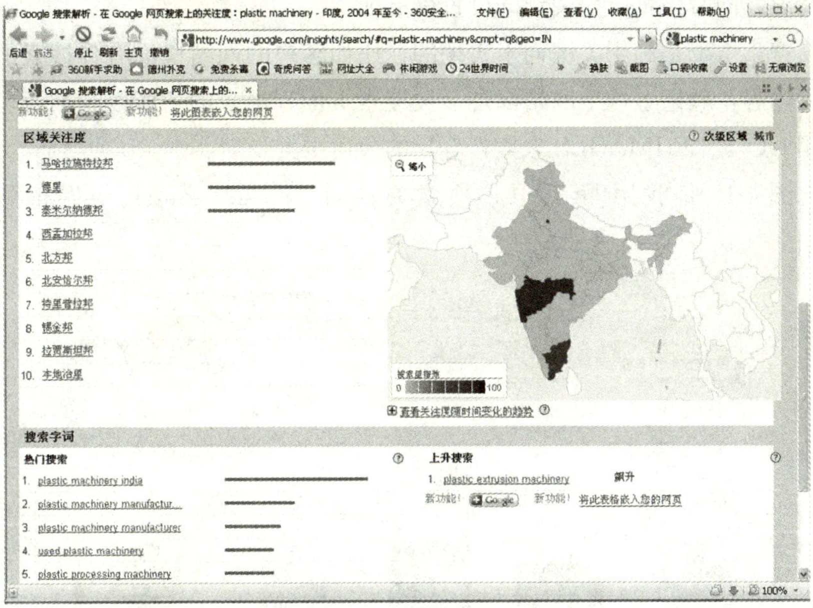

图 4-13

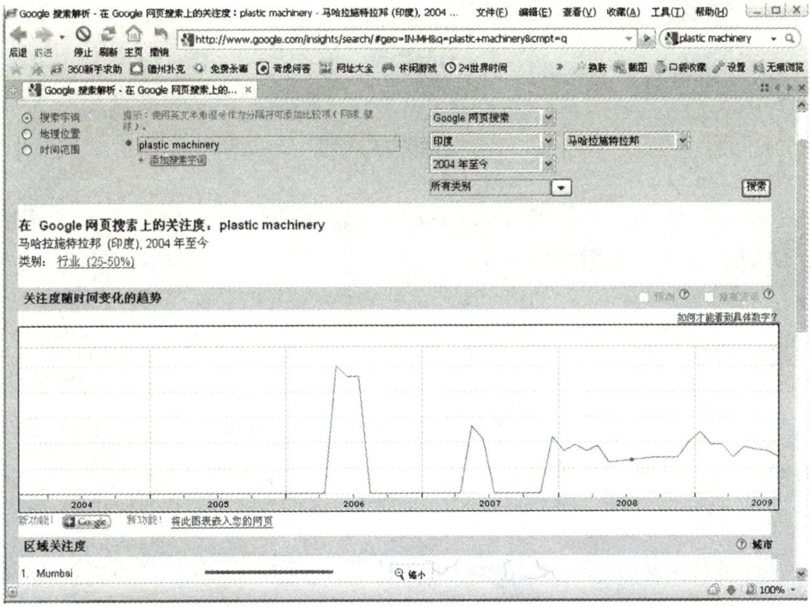

图 4-14

布情况，同时还可以把关键词设置得更细一些。

搜索引擎是利用关键词来实现的，比如客户的网站里面有你搜索的关键词内容，理论上这个网站都是会被搜索页面列出来的。所以我们还可以利用 GOOGLE IMAGES 来搜索客户的公司主页。

图 4-15 是我用 GOOGLE 搜索关键词“plastic containers”得到的页面。

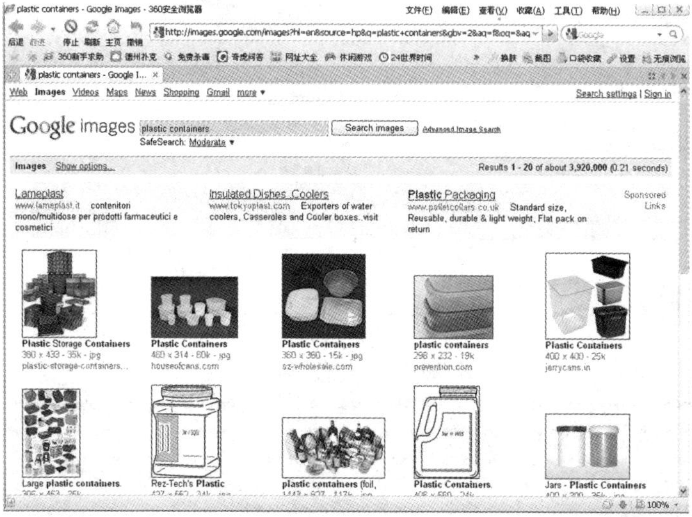

图 4-15

大家仔细逐个查看图片下方的域名，会发现有不少都是国外公司的主页，切记不要仅仅就看第一页！

经验漫谈

为了提高浏览搜索出来的网页信息的速度，请大家务必记清常用域名后缀的含义，以提高工作效率。

国际域名

.com（商业机构）、.net（网络服务机构）、.org（非营利性组织）。

国内域名

.cn（国内顶级域名）、.com.cn（商业机构）、.net.cn（网络服务机构)、.org.cn（非营利性组织)、.gov.cn（政府机关)。

新增国际域名

.biz：.biz是.com的替代者，取意来自英文单词business（商业)；

.info：信息时代最明确的标志，取意来自英文单词information（信息)；

.name：一般由个人注册和使用。

其他国家域名

如.de.德国：.it意大利；.ca加拿大等。

第二节　利用免费B2B商贸网站平台找客户

虽然作为我个人来说，首推的寻找客户的方法还是所有搜索引擎，因为信息量比B2B网站大很多，搜索查到的客户联系方式也比较直接，而B2B网站通常都是通过该网站的网页投递信息，我觉得很不方便。但是作为外贸新手，手头资源很少，B2B商贸网站也是获得客户信息渠道的一个重要来源。

基本上所有B2B商贸网站的操作方法都是大同小异的，所以如下我以MADE-IN-CHINA为例给大家介绍一下。

一、操作步骤

打开网站以后，你有以下工作可以做：

1. 注册自己的公司信息、产品信息、上传产品资料，如图4-16。

2. 除了守株待兔等客户上钩外，还可以自己主动在搜索栏处键入自己所做产品的关键词，搜索国外客户的信息。有的网站是可以选择国家区域来搜索产品的。

★注：即便搜出来的国外客户的性质是生产商，他也一样有可能是采购商。

3. 你还可以看同行的网站，丰富自己的产品库和产品知识。

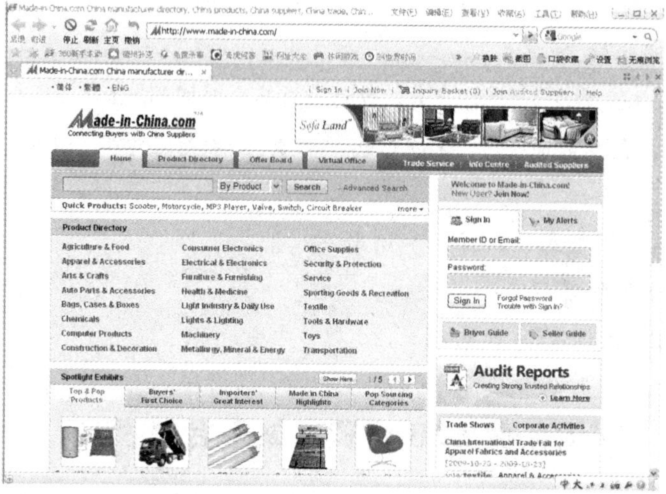

图 4-16

二、其他注意事项

有的人说我 B2B 网站上信息录入了，给客户的推销信也发了，但是效果不好，这是什么原因呢？那你需要注意一下是否做了以下事项：

1. 公司介绍、产品介绍是否清楚、简洁、不累赘；

2. 是否提供了清晰的自拍产品图片；

3. 你录入的产品是否是需求量很大的普通产品（Regular an popular），或者是有新意能迅速提起客户购买欲的产品（Special or fashionable）；

4. 收到客户的询问信，你是怎样回复的，回复是否得体，是否留有兴趣点以引起客户进一步和你交谈的兴趣；

5. 你录入的产品信息是否是客户感兴趣的，你是否经常更新你的信息。

我认为做外贸推销产品给客户是一个主动销售的过程，而不是以被动等待为主的过程。记得当初我使用 B2B 作为主要手段的时候，就算今天没有就客户发新的 BUY LEAD 作出回复，或者收到客户的询盘，我一般都会主动在公司里搜索相关的客户信息，主动发信息给他们。

心态放平稳，你用的是免费资源，你用大家也在用，回复率低是很正常的事情。

第三节　通过黄页、企业名录、海关数据获取客户资料

当我们使用 GOOGLE 等搜索引擎搜索客户主页等信息的时候，会附带搜出来各种黄页、企业名录、海关数据的相关网站。这些网站都可以为我所用，具体方法如下。

一、黄页

举例如下：

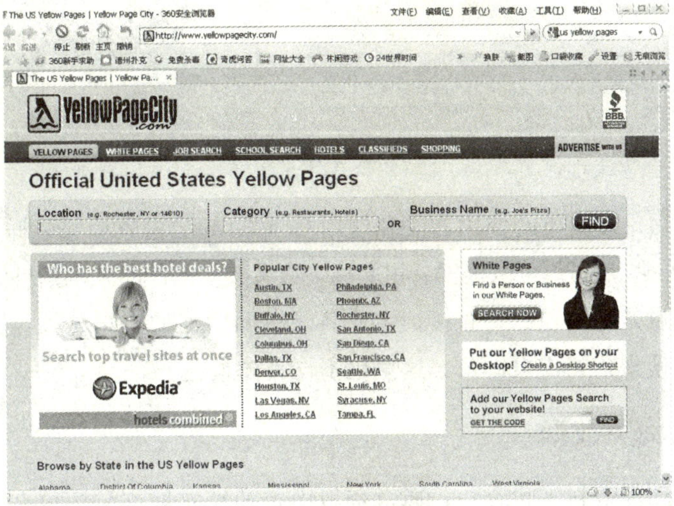

图 4-17

我们可以按照目标客户的位置、产品类型来搜索，如果你知道目标客户的名称和公司名称，那就可以更加精准地搜索客户信息。这里具体的操作就不作赘述了。

附带提一句，黄页里的客户信息通常以电话、传真居多，所以此时你借助的销售媒介就是以电话和信息为主了。

二、企业名录

举例如下：

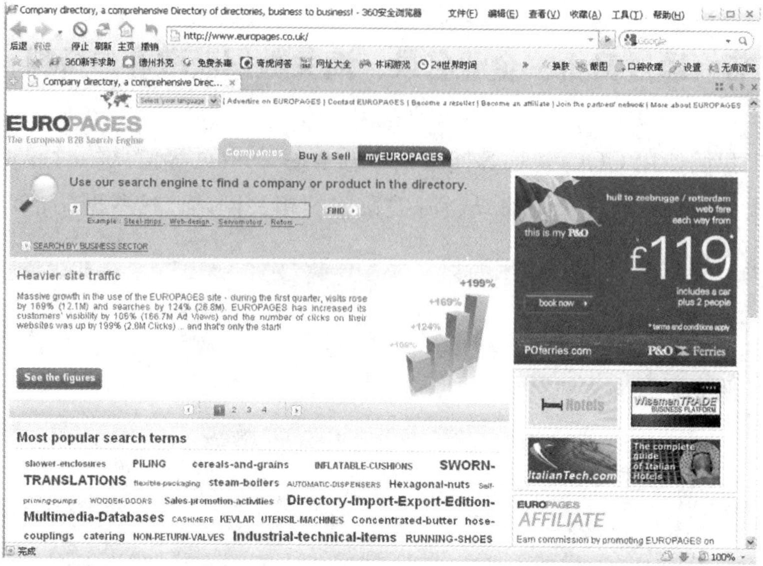

图 4-18

企业名录最简单的使用方法和使用 GOOGLE 等搜索引擎一样。如果你工作做细一些，那你可以根据公司名称，或者买卖的产品来搜索目标客户。

方法也是很简单的，直接把企业名录里面罗列的公司名称再放入搜索引擎，去搜索公司主页即可。这里也不作具体赘述。

三、海关数据

通过海关资料来找客户，通常资料内容的真实性都是比较高的。一般网络上的海关数据，通过搜索可以发现也分为免费和付费两种。当然免费和付费的内容和质量还是有区别的，这个大家可以根据实际情况选择。如下是举例：

如上是这种类型网站打开以后的基本界面，你可以通过设定关键词和搜索产品的关键词，来查看海关数据内容。如果你知道你的竞争者在和某个国外客户合作，你还可以直接在“收货人”处输入客户的公司名称，来查看海关数据，看看客户从哪些供应商处采购，采购量是多少。

如下是以“鼠标垫”为例搜索出来的结果页面。

仔细观察图 4-20，可以看到海关数据上的内容实际和出口货物提单上

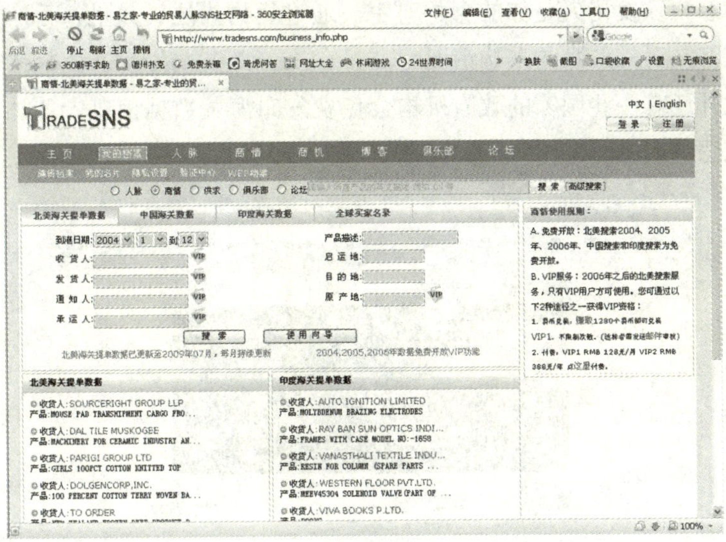

图 4-19

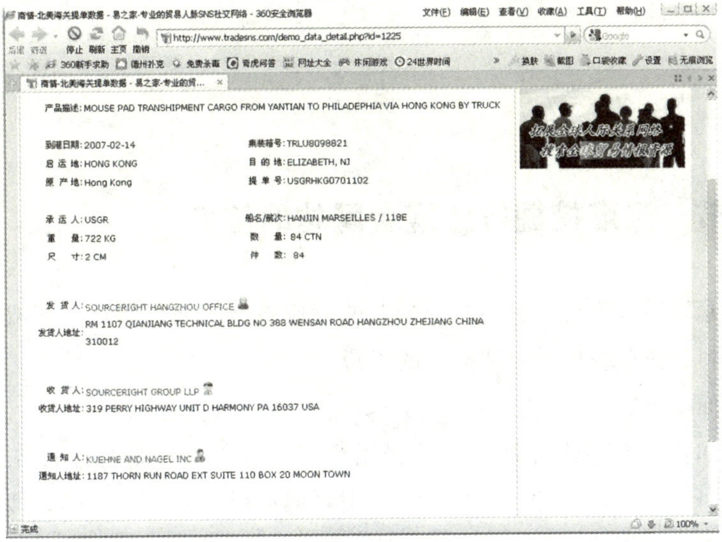

图 4-20

的内容是差不多的。有发货人、收货人、通知人、货物描述、数量、毛净重等详细信息，这些内容都可以很好地为我所用。

如果你是用产品搜出来的如上内容，那你就知道收货人或者通知人就是你的客户。发货人是你的竞争对手。通过货物描述、数量、毛净重可以了解该客户对该产品的采购情况。

此外还有一些国家的政府机构会免费发布海关数据信息，如加拿大海关，如图 4-21 所示。

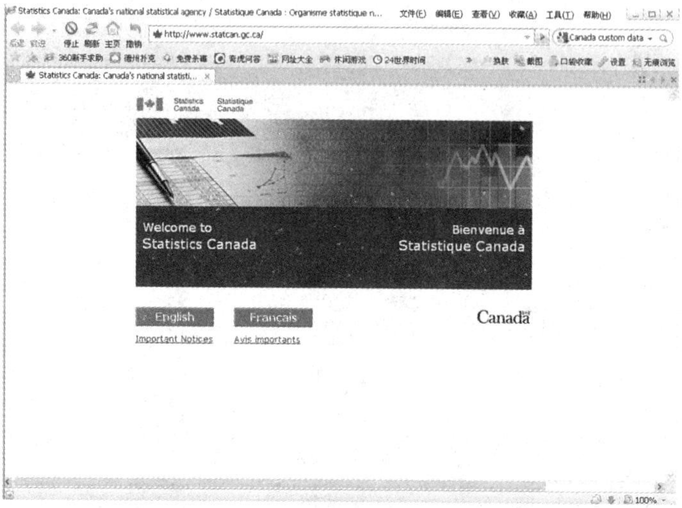

图 4-21

第四节　深度挖掘行业展会网站的信息

大家知道我们可以利用各个行业的行业展会的网站信息，获取客户信息和资料，拓展我们外贸业务员的视野。

下面举个例子，介绍操作程序。

假如我们要寻找灯具产品的美国行业展会的客户信息。首先我们在 GOOGLE 搜索引擎中键入“2009 美国国际灯具展会”，我们可以搜索到如图 4-22 所示页面。

点击搜索结果页面的第一项，我们可以看到如图 4-23 所示。

打开以后的页面，本来是一个常见的做国际展览服务的展览公司，但是从对这个灯具展会的中文介绍中，我们会发现原来这个美国灯具展会的名称叫 LIGHTFAIR INTERNATIONAL，接下来我们就可以把它作为关

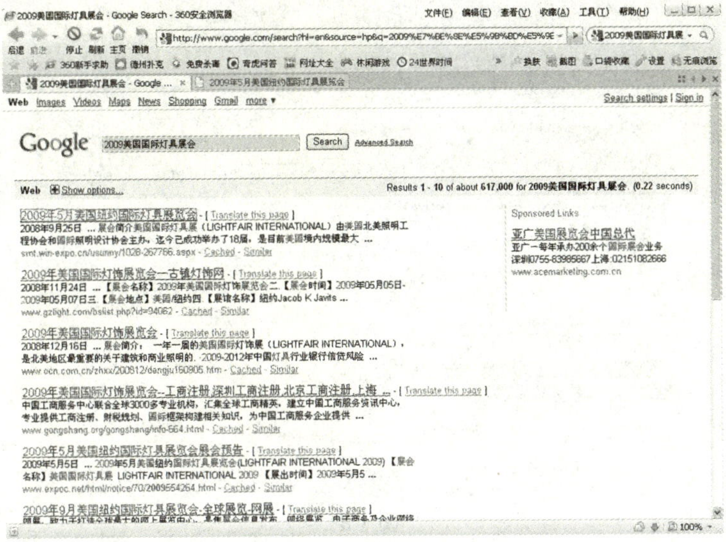

图 4-22

图 4-23

键词再放到 GOOGLE 搜索引擎中去搜索，看看我们能得到什么信息。

第一项就是我们需要的这个美国灯具展会的主页，点击它，可以看到如图 4-25 所示。

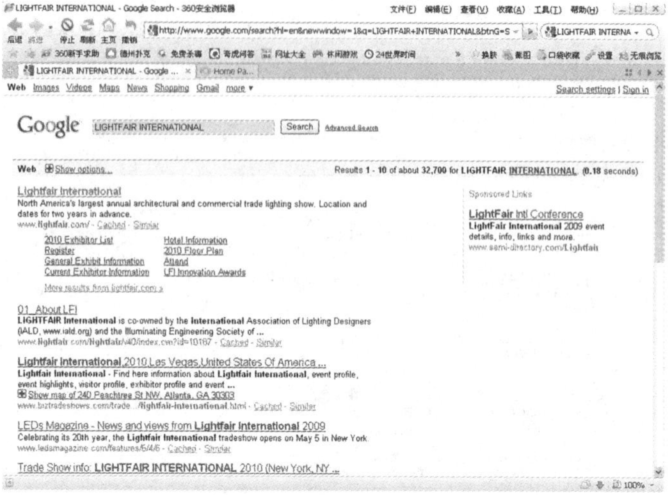

图 4-24

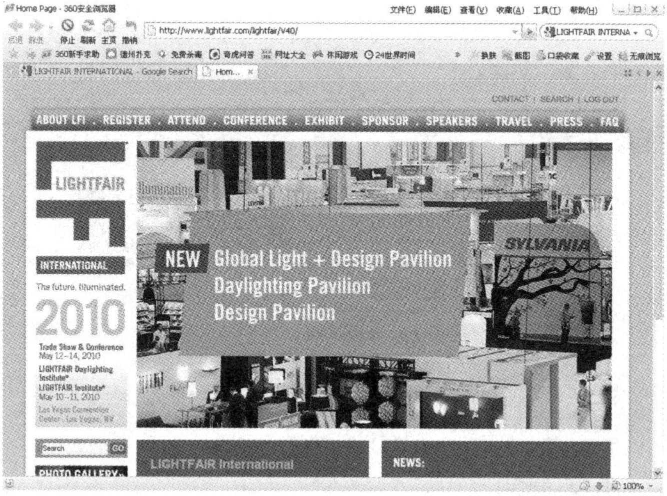

图 4-25

这是典型的国外行业展会网站的形式，其他不同行业的网站的框架都大同小异。这个时候我们只需要找到该网站中的 EXHIBITOR，EXHIBITOR DIRECTORY 或者 EXHIBITOR LIST 这一项即可。大家在操作时，可以逐条点开寻找、查看。

看看如上的网站我们找到 EXHIBITOR LIST，打开以后看到的是什么内容，如下图 4-26 所示。

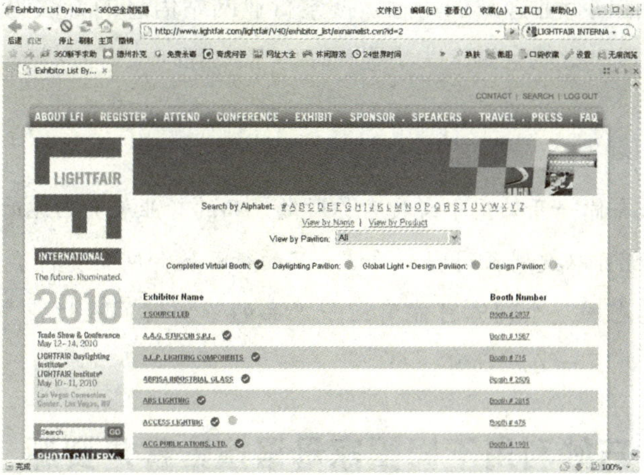

图 4-26

这就是我们迫切需要的参展商名录。随机点开第一条，我们看到如图 4-27 所示内容。

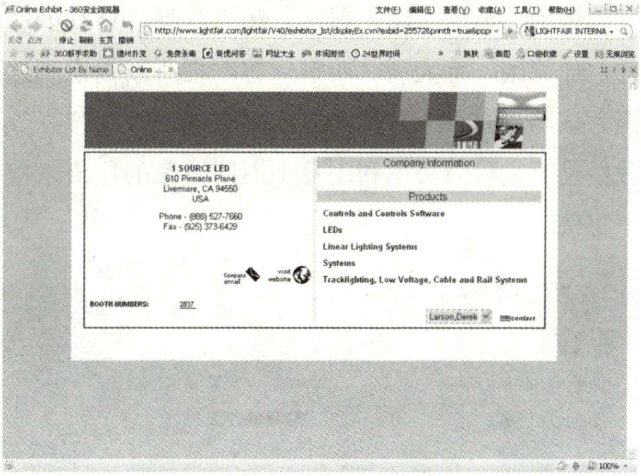

图 4-27

我们所需要的客户信息便一目了然了，公司名称、地址、电话、传真、电邮地址、主页。还等什么，发送你的推销信吧。牢记，参展商虽然也是借助展会来推销他们的产品，但这并不影响你对他们销售你的产品。目前，世界销售供应链中还少不了中国供应商这重要的一员。

有了这手资料你还可以把自己的工作拓展开来，还记得我说的用公司名称搜索其他同行业客户的信息，搜索行业网站信息的方法吗？这样是不是你的潜在客户量就会提上去了呢？

经验漫谈

- 如果在你一开始用中文搜索你所做产品的行业展会网站时，更换不同的国家，那就可以搜到不同国家的该产品的行业展会网站资料了。
- 注意在同一个国家可能有同一产品的不同时间或地点举办的展会，所以行业展会不一定就只有一个。

第五节　巧妙利用不同国家母语搜索客户资源

如果你是一个在生活、工作中的有心人，当你在使用英语关键词在搜索引擎搜索客户的时候会发现，搜出来的很多客户信息都是以英语为官方语言的国家，如美国、英国、澳大利亚、新西兰等。只有少量的客户是其他母语国家的，如德国、意大利、西班牙等，之所以搜索到这些国家的客户主页还是因为该客户主页上有英文的页面信息。

所以说我们是不是可以考虑利用每个不同国家的母语来搜索客户信息呢？请看如下实例：

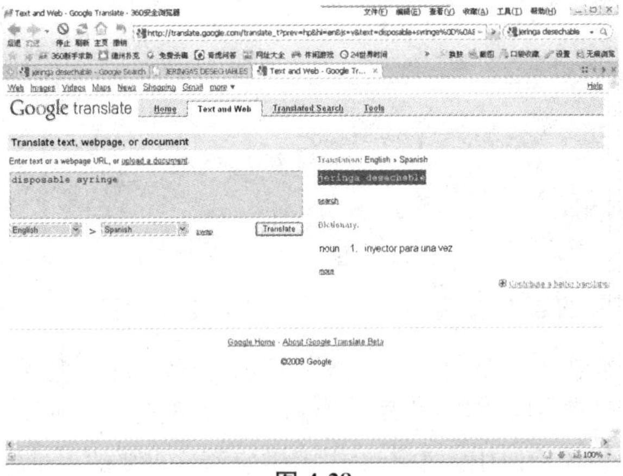

图 4-28

比如我们要寻找西班牙或者说西班牙语国家的一次性注射器的客户信息，首先我们先利用 GOOGLE 翻译工具将关键词“disposable syringe”翻译成西班牙语。

将翻译出来的关键词“jeringa desechable”放到 GOOGLE 的搜索栏搜索，得到如图 4-29 所示页面。

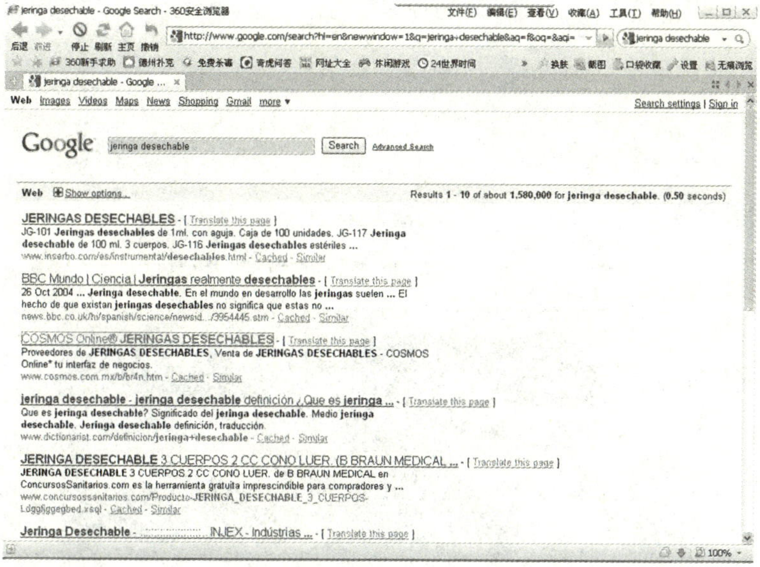

图 4-29

页面显示的内容就是包含了“jeringa desechable”这个关键词的客户公司主页、行业网站等。注意我们仔细观察会发现搜索出来的关键词页面中有不少是“JERINGAS DESECHABLES”，这和我们搜索使用的关键词不同，是复数。那么考虑之后可以使用关键词的复数来搜索客户信息，看看结果有什么不同。

这里我们先点开第一条内容，得到如图 4-30 所示。

通过图片判断，这是我们需要的产品，然后看上面地址栏的信息是 www. inserbo. com/es/instrumental/desechables. html，不难看出这是客户主页分目录下的内容，接下来我们把顶级域名后面的内容都删除，得到 www. inserbo. com，点击回车，可以看到如图 4-31 所示。

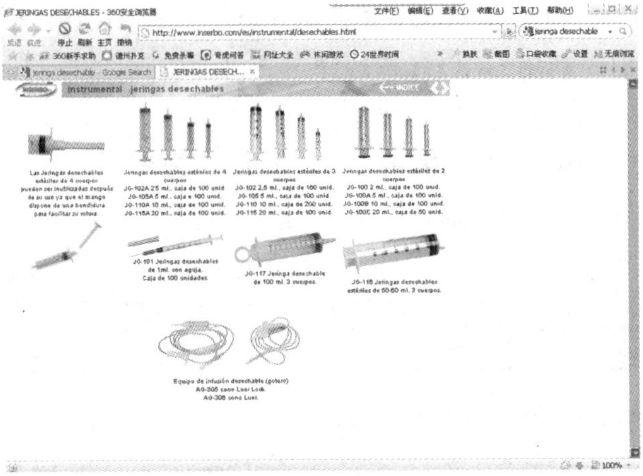

图 4-30

图 4-31

看，这就是客户的公司主页的首页，很幸运的是客户在主页上就留下了我们需要的详细客户信息，就不需要我们再去寻找了。

经验漫谈

通常用 GOOGLE 翻译等翻译工具直译出来的关键词，都不是很准确的，为了提高搜索到客户公司主页的概率，我们需要很专业、很准确的关键词，这些关键词从哪里来呢？有些大客户的主页上有多国语言的页面，里面的翻译都是很专业、很准确的。搜集这些多国语言的关键词，用到你的搜索工作当中去，效果便一目了然了。

这种方法除了可以用于直接寻找目的国家的客户主页外，还可以用同样的方法寻找目的国的更多的行业展会信息，从而更深入地发掘潜在客户信息。

★ 注：如果你在输入法处装载了不同国家语言的输入法，那搜索出来的客户信息的质和量都会有更大的提高。比如在西班牙语录入关键词时，你打 á. ó. 和你录入 a. o 的结果是不同的，请不要偷懒。

第六节　后缀作用不可小视

这里所说的后缀是指公司名称构成的后缀和客户主页域名的后缀，熟悉了解它们不但可以提高你的工作效率，同时还可以更灵活地找到更多的客户信息。因为有了目标客户的公司名称，我们就能找到其主页与客户建立联系。

一、利用公司名称后缀搜索客户资源

不同国家表达“×××有限公司”中的“有限公司”这几个字都是不同的。首先我们罗列出不同国家的“有限公司”的表述方式。

（一）SDN BHD

SDN 是马来西亚语“Sendirian”的缩写，意即“私人”。BHD 系 Berhad 的缩写，意为“公司”。

SDN BHD 是指“私人有限公司”，BHD 一般指“公众有限公司”。在马来西亚，企业一般注册为个人企业、合伙人企业或私人有限公司，其中以私人有限公司最为常见。如：

CSP CORPORATION MALAYSIA BHD &UNITED MS ELECTRICAL MFG（M）SDN BHD

除新加坡、文莱（马来西亚语是两国正式语言）企业名称偶尔出现SDN BHD外，其他国家企业名称基本上没有“SDN BHD”字样，因此，如果交易对方中出现“SDN BHD”，而交易国别不是马来西亚的，则基本上可认定交易国别有误。

（二）GmbH

GmbH系德文“Gesellschaft Mit Beschrankter Haftung”的缩写，等于英文中的“Limited liability company”，即“有限责任公司”。

有限责任公司是介于大型股份公司与小型合伙企业之间的企业形态，为目前德国采用最为广泛的企业形式。如：

TEAM EDV. EDITION B. BREIDENSTEIN GMBH（德国）

MESSE FRANKFURT MEDJEN UND SERVICE GMBH（德国）

此类公司形式主要是德语区存在，除德国外，将德语作为母语之一的还有奥地利、列支敦士登、瑞士、比利时和卢森堡，上述国家企业名称中都有可能出现GmbH。如：Hutchison 3G Austria GmbH，即为地址在维也纳的奥地利企业。

因此，绝不可将交易对方中出现GmbH的交易记录一概认为是德国的。

（三）AG，S. A.

AG（德国和瑞士）是德语“Aktiengesellschaft”的简称，S. A.（南欧、南美）是法语“Societe Anonym”、意大利语“Societa Anonima”和西班牙语“Sociedad Anonima”的简称，均译为“股份公司”。

公司名称中包括AG的主要是**德国**和**瑞士**，如：

PSI BT BUSINESS TECHNOLOGY FOR INDUSTRIES AG（德国）

XCHINDLER INFORMATIK AG（瑞士）

S. A. 则主要出现在法国、瑞士、比利时、卢森堡、意大利、西班牙、葡萄牙、巴拿马、阿根廷、墨西哥和智利等。

如：ETABLISSEMENTS TREVES S. A.（法国）

NESTLE SUISSE S. A.（瑞士）

COCKERILL MECHANICAL INDUSTRIES S. A.（比利时）

（四）S. A. R. L.

S. A. R. L. 是“责任有限公司”的意思，组织形态与股份有限公司类似，主要出现在法国、西班牙和黎巴嫩等。法语全称是“Societe a Responsabilite limite”，西班牙语全称是“Sociedad anonima de responsabilidad limitada”。如：

S. A. R. L. POURPRIX NEGOCE 15 RUE DE GERLAND（法国）

（五）B. V.，N. V.

B. V. 和 N. V. 分别是荷兰文“Besloten Vennootshap met beperkte aansprak-elijkhed ”和“ Naamloze Vennootschap”的简写，分别是指“私人有限公司”和“公众有限公司”。如：

WEISMULL ER AGENTUREN IM-EN EXPORT B. V.

JOHNSON CONTROLS INTERNATIONAL N. V.

荷兰法律规定，公司必须有名称，可以不是荷兰文，但必须用拉丁字母书写。私人有限公司必须以 Besloten Vennootshap met beperkte aansprak-elijkhed 或其缩写 B. V. 开始或结尾。外国投资公司也以此种形态公司最多，其实际经营状态与英国的私人有限公司（Private Limited Company)、西德的 GmbH 或法国的 S. A. R. L. 相似；公众公司（Naamloze Vennootschap 或 N. V. ）的一般特征与世界上其他地方的股份有限公司相同。

在荷兰，目前以“B. V. ”及“N. V. ”形态组成公司者最多。比利时企业名称冠以“N. V. ”的也比较普遍。

（六）A/S

A/S 为丹麦文 aktieselskab 和挪威文 Aksjeselskap 的简写，意为“股份有限公司”，企业名称中出现 A/S，一般可认定其交易国别为丹麦或挪威。如：

COPENHAGENAIRPORT DEVELOPMENT INTERNATIONAL A/S

(七) S. P. A. 和 S. R. L.

S. P. A. 和 S. R. L. 为意大利最普遍的两种公司形式。

S. P. A. 系意大利语“societa per azioni”的缩略称谓，指（共同）股份公司，S. R. L. 系意大利语“societa a responsabilita limitata”的简称，中文译为（股份）责任有限公司。如：

DANIELI & C. OFFICINE MECCANICHE S. P. A.

INVENSYS CONTROLS ITALY S. R. L.

(八) PLC

PLC 系英语 Public Limited Company 的缩写。

根据英国公司法，公司注册形态主要分为有限公司和无限公司两种，而有限公司又分为公开有限公司（Public Limited Company）即股票上市公司，及私人有限公司（Private Limited Company）即非上市公司。设立公开有限公司，公司名称中必须包括 Public Limited Company 或缩写为 PLC 的字样，如：LONDON STOCK EXCHANGE PLC。

需要注意的是 PLC 是指 Public Limited Company，而非 Private Limited Company。

(九) AB，OY

AB 系瑞典语 Altiebolag 的缩写，OY 为芬兰语 Osakeyhtio 的缩写，中文均为“公司”的意思。

芬兰法律规定，公司名称中必须有“公司”的芬兰语 Osakeyhtio 或其缩写 OY，也可用瑞典语 Altiebolag 或其缩写 AB。所以，交易对方中出现 OY，交易国别一般是芬兰；交易对方中出现 AB，交易国别一般是瑞典或芬兰。如：METSO ACTUATOR MANUFACTURING OY（芬兰），SANMINA ENCLOSURE SYSTEMS AB（瑞典）。

(十) S. A. de C. V.

S. A. de C. V. 是墨西哥公司法（Maxican Corporate Law）规定的股份公司（S. A. ）的两种形态之一，全称为 Sociedad Anonima de Capital

Variable（西班牙语和英语的混写），中文译为“可变动资本额公司”，其资本额可以根据公司章程增加。如：

CONSULTORIA INTERNATIONAL S. A. DE C. V. MEXICO

（十一）K. K. / Y. K.

K. K. 是日本语 Kabushiki Kaisha（株式会社）的简写，等于英语中的 Joint-stock company（股份有限公司）。如：

HAMAMATSU PHOTONICS K. K.

Y. K. 是日语 Yugen Kaisha（有限会社）的简写，等于英语中的 Limited Liability Company（有限责任公司），实际上多半是一些中小企业，不少是家庭手工业者，例如豆腐房、菜店、肉铺等，在国际收支交易记录中并不常见。

（十二）PT，TBK

PT 和 TBK 主要出现在印度尼西亚的企业名称中，如：

PT Indofood Sukses Makmur TBK

在印尼语中，PT 是 Perseroan Terbatas 的简称，意为“有限公司”，TBK 是印尼语中“股份”的缩写。

（十三）Pte，PVT，PTY

Pte 和 PVT 均是英语单词 Private 的简写，在新加坡设立公司，名称必须以英文为准，有限公司名称最后必须加上英文 Limited，私人公司必须在 Limited 前加上 Private 或 Pte 字样。如：

CAREER TECHNOLOGY（SINGAPORE）Pte ltd.

INA BEARING SINGAPORE Pte. ltd

在印度、巴基斯坦、斯里兰卡、尼泊尔和孟加拉国，私人企业名称中一般含有 PVT 字样。如：

CHAWLA AGENCIES PVT（印度）

DAVANN INTERNATIONAL（PVT）LTD.（斯里兰卡）

在澳大利亚和南非，私人企业名称中多包括 PTY 字样，如：

GOLDEN NEST INTERNATIONAL GROUP PTY LTD.（南非）

YARRATRAIL PTY LTDMELBOURNE（澳大利亚）

PTY 系英语 Proprietary（私人拥有的）的简称，表明该企业为私人企业。

其他国家交易对方名称中包含缩略语的还有：

Lda：葡萄牙

Ltda：巴西、智利

SP. Z. O. O：波兰

TIC：土耳其

S. R. O：捷克

EIRL：葡萄牙、秘鲁

如下是具体操作的实例：

★ 用"产品名称+公司后缀"放到 GOOGLE 等搜索引擎里搜，能搜到不少客户信息，特别是区域客户信息。大家操作时还可以更换不同的公司后缀和搜索引擎。

比如，我想找德国做手套的公司（客户）网址，我会这样操作。

首先我知道有不少德国公司的后缀是 GmbH，还有的是 CO. KG 等，这里我先试试 GmbH，在 GOOGLE 搜索栏里输入：GLOVE GmbH，看看我们搜到了什么结果，如图 4-32。

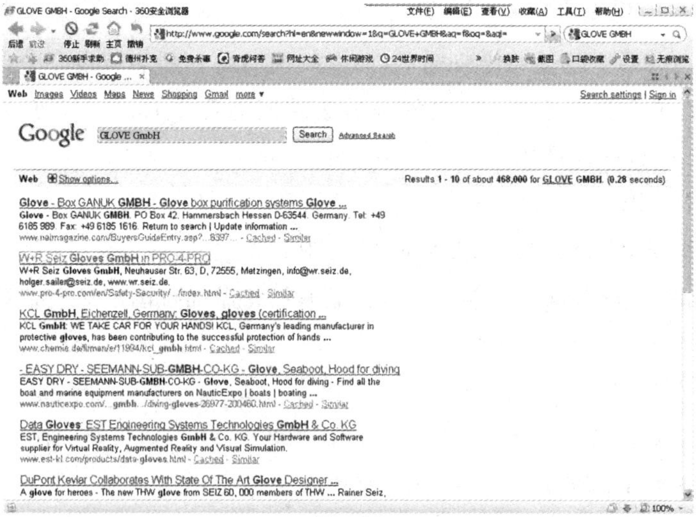

图 4-32

有了之前的基础，相信大家不难看出哪些是客户主页，哪些是行业网站，哪些是专业杂志的网站，下一步，就是要找到客户的主页中的CONTACT US，疯狂地发信吧。

当然你还是要把搜索词组中的产品名称用目的国的母语表达。例如，**把关键词GLOVE GmbH换成Handschuh GmbH**。这样又能搜索出许多不同的信息。

二、利用不同国家（地区）网站域名后缀、邮件地址后缀搜索客户资源

对于网站域名后缀，在之前的章节已有所介绍。如果大家仔细观察你们客户主页的后缀，就会发现，比如，德国人网站主页的域名后缀通常是.de，澳大利亚是.com.au，荷兰是.nl等。那我们就可以考虑使用“产品关键词+不同国家网站域名后缀”来寻找客户的主页。

首先还是列出各个国家（地区）的域名后缀，供参考使用。

★ 世界各国（地区）域名后缀

ad：Andorra，安道尔

ae：United Arab Emirates，阿联酋

af：Afghanistan，阿富汗

ag：Antiguaand Barbuda，安提瓜和巴布达

ai：Anguilla，安哥拉

al：Albania，阿尔巴尼亚

am：Armenia，亚美尼亚

an：Netherlands Antilles，荷属安的列斯

ao：Angola，安哥拉

ar：Argentina，阿根廷

as：American Samoa，东萨摩亚

at：Austria，奥地利

au：Australia，澳大利亚

aw：Aruba，阿鲁巴
az：Azerbaijan，阿塞拜疆
ba：Bosnia Hercegovina，波黑
bb：Barbados，巴巴多斯
bd：Bangladesh，孟加拉国
be：Belgium，比利时
bf：BurkinaFaso，布基纳法索
bg：Bulgaria，保加利亚
bh：Bahrain，巴林
bi：Burundi，布隆迪
bj：Benin，贝宁
bm：Bermuda，百慕大
bn：Brunei Darussalam，文莱达鲁萨兰国
bo：Bolivia，玻利维亚
br：Brazil，巴西
bs：Bahamas，巴哈马
bt：Bhutan，不丹
bv：Bouvet Island，布韦群岛
bw：Botswana，博茨瓦纳
by：Belarus，白俄罗斯
bz：Belize，伯利兹
ca：Canada，加拿大
cc：Cocos Islands，科科斯群岛
cf：Central African Republic，中非共和国
cg：Congo，刚果
ch：Switzerland，瑞士
ci：Ivory Coast，象牙海岸
ck：Cook Islands，库克群岛
cl：Chile，智利

cm：Cameroon，喀麦隆

cn：China，中国

co：Colombia，哥伦比亚

cq：Equatorial Guinea，赤道几内亚

cr：Costa Rica，哥斯达黎加

cu：Cuba，古巴

cv：Cape Verde，佛得角

cx：Christmas Island，圣诞岛（英属）

cy：Cyprus，塞浦路斯

cz：Czech Republic，捷克共和国

de：Germany，德国

dj：Djibouti，吉布提

dk：Denmark，丹麦

dm：Dominica，多米尼加联邦

do：Dominican Republic，多米尼加共和国

dz：Algeria，阿尔及利亚

ec：Ecuador，厄瓜多尔

ee：Estonia，爱沙尼亚

eg：Egypt，埃及

ws：Western Samoa，西萨摩亚

es：Spain，西班牙

et：Ethiopia，埃塞俄比亚

ev：ElSalvador，萨尔瓦多

fi：Finland，芬兰

fj：Fiji，斐济

fk：Falkland Islands，福克兰群岛

fm：Micronesia，密克罗尼西亚

fo：Faroe Islands，法罗群岛

fr：France，法国

ga：Gobon，加蓬

gb：Great Britain（UK），大不列颠联合王国

gd：Grenada，格林纳达

ge：Georgia，格鲁吉亚

gf：French Guyana，法属圭亚那

gh：Ghana，加纳

gi：Gibraltar，直布罗陀

gl：Greenland，格陵兰群岛

gm：Gambia，冈比亚

gn：Guynea，几内亚

gp：Guadeloupe，瓜德罗普岛（法属）

gr：Greece，希腊

gt：Guatemala，危地马拉

gu：Guam，关岛

gw：Guinea-Bissau，几内亚比绍

gy：Guyana，圭亚那

hk：Hong Kong，中国香港

hm：Heard &McDonald Is.，赫特与麦克唐纳群岛

hn：Honduras，洪都拉斯

hr：Croatia，克罗地亚

ht：Haiti，海地

hu：Hungary，匈牙利

id：Indonesia，印度尼西亚

ie：Ireland，爱尔兰共和国

il：Israel，以色列

in：India，印度

io：British Indian Ocean Territory，英属印度洋领地

iq：Iraq，伊拉克

ir：Iran，伊朗

is：Iceland，冰岛

it：Italy，意大利

jm：Jamaica，牙买加

jo：Jordan，约旦

jp：Japan，日本

ke：Kenya，肯尼亚

kg：Kyrghizstan，吉尔吉斯斯坦

kh：Cambodia，柬埔寨

ki：Kiribati，基里巴斯

km：Comoros，科摩罗

kn：St. Kitts &Nevis，圣茨和尼维斯

kw：Kuwait，科威特

ky：Cayman Islands，开曼群岛（英属）

kz：Kazakhstan，哈萨克斯坦

la：Lao People's Republic，老挝人民共和国

lb：Lebanon，黎巴嫩

lc：St. Lucia，圣露西亚岛

li：Liechtenstein，列支敦士登

lk：SriLanka，斯里兰卡

lr：Liberia，利比里亚

ls：Lesotho，莱索托

lt：Lithuania，立陶宛

lu：Luxembourg，卢森堡

lv：Latvia，拉脱维亚

ly：Libya，利比亚

ma：Morocco，摩洛哥

mc：Monaco，摩纳哥

md：Moldova，摩尔多瓦

mg：Madagascar，马达加斯加

mh：Marshall Islands，马绍尔群岛

ml：Mali，马里

mm：Myanmar，缅甸

mn：Mongolia，蒙古

mo：Macau，澳门

mp：Northern Mariana Islands，北马里亚纳群岛

mq：Martinique，马提尼克岛（法属）

mr：Mauritania，毛里塔尼亚

ms：Montserrat，蒙塞拉特岛

mt：Malta，马耳他

mv：Maldives，马尔代夫

mw：Malawi，马拉维

mx：Mexico，墨西哥

my：Malaysia，马来西亚

mz：Mozambique，莫桑比克

na：Namibia，纳米比亚

nc：New Caledonia，新喀里多尼亚

ne：Niger，尼日尔

nf：Norfolk Island，诺福克岛

ng：Nigeria，尼日利亚

ni：Nicaragua，尼加拉瓜

nl：Netherlands，荷兰

no：Norway，挪威

np：Nepal，尼泊尔

nr：Nauru，瑙鲁

nt：Neutral Zone，中立区

nu：Niue，纽埃

nz：New Zealand，新西兰

om：Oman，阿曼

qa：Qatar，卡塔尔

pa：Panama，巴拿马

pe：Peru，秘鲁

pf：French Polynesia，法属玻利尼西亚

pg：Papua New Guinea，巴布亚新几内亚

ph：Philippines，菲律宾

pk：Pakistan，巴基斯坦

pl：Poland，波兰

pm：St. Pierre & Mequielon，圣皮埃尔和密克隆岛

pn：Pitcairn Island，皮特克恩岛

pr：Puerto Rico，波多黎各

pt：Portugal，葡萄牙

pw：Palau，帕劳

py：Paraguay，巴拉圭

re：Reunion Island，留尼汪岛（法属）

ro：Romania，罗马尼亚

ru：Russian Federation，俄罗斯联邦

rw：Rwanda，卢旺达

sa：Saudi Arabia，沙特阿拉伯

sb：Solomon Islands，所罗门群岛

sc：Seychelles，塞舌尔

sd：Sudan，苏丹

se：Sweden，瑞典

sg：Singapore，新加坡

sh：St. Helena，海伦娜

si：Slovenia，斯洛文尼亚

sj：Svalbard &JanMayen，斯马尔巴特和扬马延岛

sk：Slovakia，斯洛伐克

sl：Sierra Leone，塞拉利昂

sm：San Marino，圣马力诺
sn：Senegal，塞内加尔
so：Somalia，索马里
sr：Suriname，苏里南
st：SaoTome&Principe，圣多美和普林西比
sy：Syrian Arab Republic，叙利亚
sz：Swaziland，斯威士兰
tc：Turks&Caicos Islands，特克斯群岛与凯科斯群岛
td：Chad，乍得
tf：French Southern Territories，法属南半球领地
tg：Togo，多哥
th：Thailand，泰国
tj：Tajikistan，塔吉克斯坦
tk：Tokelau，托克劳群岛
tm：Turkmenistan，土库曼斯坦
tn：Tunisia，突尼斯
to：Tonga，汤加
tp：East Timor，东帝汶
tr：Turkey，土耳其
tt：Trinidad&Tobago，特立尼达和多巴哥
tv：Tuvalu，图瓦卢
tw：Taiwan，中国台湾
tz：Tanzania，坦桑尼亚
ua：UkrainianSSR，乌克兰
ug：Uganda，乌干达
uk：United Kingdom，英国
us：United States，美国
uy：Uruguay，乌拉圭
va：Vatican City State，梵蒂冈

vc：St. Vincent & the Grenadines，圣文森特和格林纳丁斯

ve：Venezuela，委内瑞拉

vg：Virgin Islands，维京群岛

vn：Vietnam，越南

vu：Vanuatu，瓦努阿图

wf：Wallis & Fortuna Is.，瓦利斯和富图纳群岛

ws：East Samoa，东萨摩亚

ye：Yemen，也门

yu：Yugoslavia，南斯拉夫

za：South Africa，南非

zm：Zambia，赞比亚

zr：Zaire，扎伊尔

zw：Zimbabwe，津巴布韦

如下是实例，假如我想寻找新西兰做乳胶手套的客户的信息，那我在GOOGLE搜索栏中键入LATEX GLOVE CO. NZ，于是我们可以得到如下搜索结果页面。

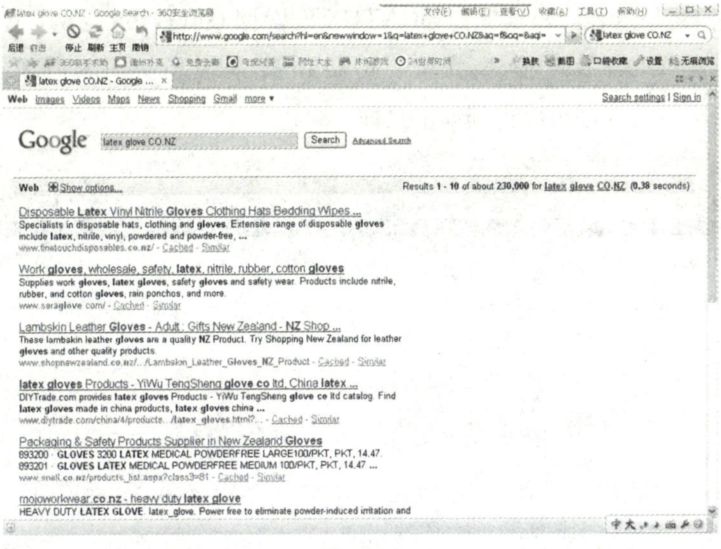

图 4-33

如图 4-33，我们看到搜索出来的页面都是新西兰这个国家与乳胶手套相关的公司主页、行业网站等信息。点击主页，进去找到邮箱地址，发送推销信即可。

此外，稍微有点客户资源的外贸业务员，如果是个有心人，不难发现许多客户的私人邮件地址的后缀都很有代表性，比如美国的@aol. com，德国的@t-online. de，还有常用的比如@yahoo. com，@hotmail. com 等。我们**同样可以使用如上的方法操作**。如**“产品关键词+@aol. com”，“产品关键词+@gmail. com”等来寻找客户信息**。具体的操作在这里不作赘述。

第七节 搜索引擎使用的终结篇——级数递增搜索法详解

这一节实际上是对我上面所阐述的章节内容的综述，各种方法穿插使用，你会收到海量的客户信息，你也会更加深刻地理解在第四章第一节附上的树形图的含义了。

下面我们直接进去实操：

我们还是以乳胶检查手套（LATEX EXAM GLOVE）为例，假设我们使用的是 GOOGLE 搜索引擎，我们在搜索栏输入 LATEX EXAM GLOVE，然后我们可以得到如下页面。

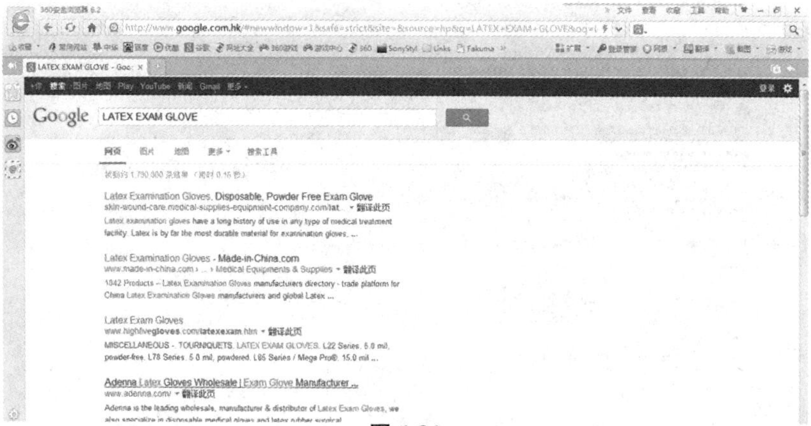

图 4-34

我们打开第一条搜索结果，如图 4-35 所示。

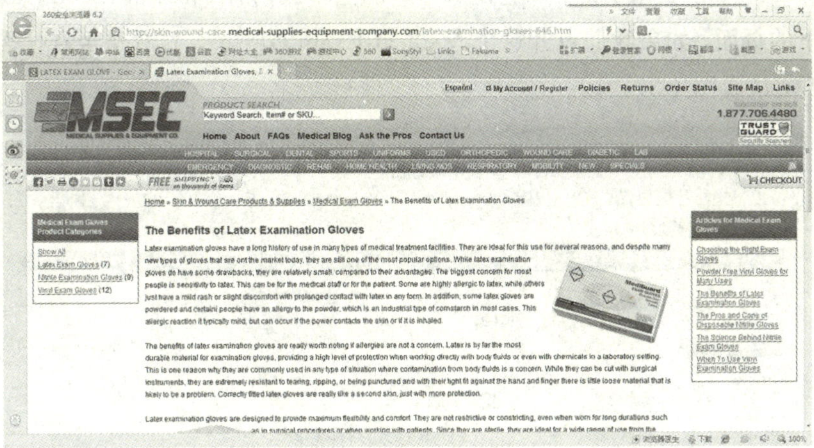

图 4-35

首先我们看打开这个页面的右侧附有一个产品包装的图片，虽然图片有点小，但是仔细看图片，还是可以发现图片上的信息是

MediGuard EXAM GLOVES

Powder free

Smooth

Latex

根据你对自己所做产品的熟悉和专业程度，这里可以判断 MediGuard EXAM GLOVES 中的 MediGuard 是该产品的品牌，如果我们把 MediGuard EXAM GLOVES 再放到搜索引擎里面去搜索会发现这个品牌的 EXAM GLOVES 属于 MEDLINE 这家公司，这样我们就找到了我们需要的客户主页，去找联系方式，邮件地址发信吧。

再看上面图 4-35 所示的网页是否就没有信息可用了，请看图 4-36。

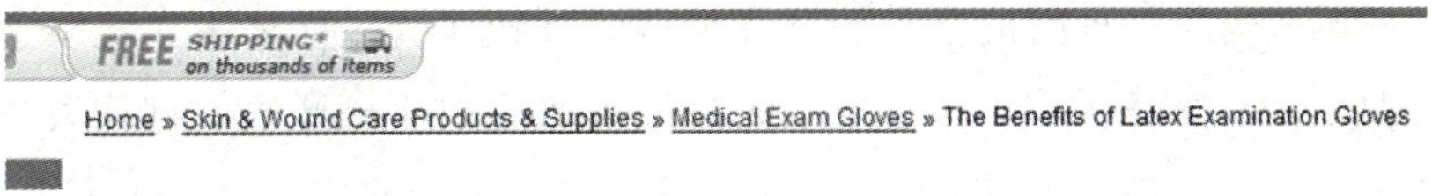

图 4-36

我们上面所描述的内容都是出现在 The Benefits of Latex Examination Gloves 这个子目录下的，那它是属于它的上一级内容 Medical Exam Gloves 之下的页面，如果我们点开这个 Medical Exam Gloves，看看是否有什么惊喜呢，请看图 4-37。

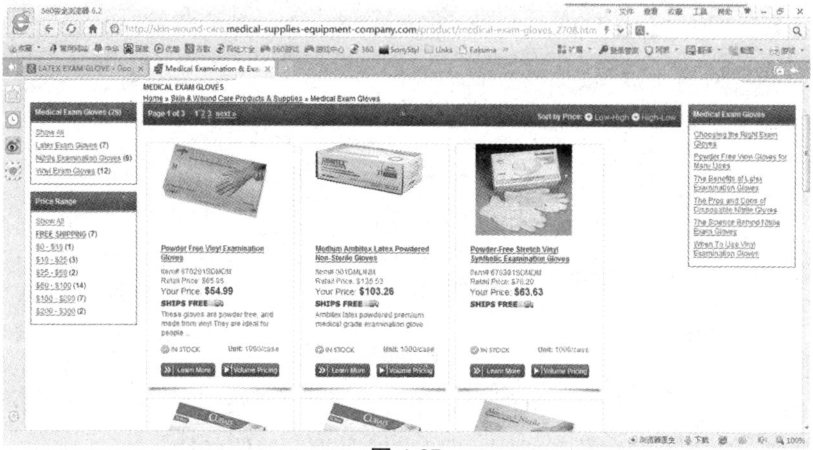

图 4-37

看，全部是清晰的各种品牌的手套产品，通过图片可以清晰辨认盒子上所写的品牌信息，重复上面的操作，你就可以搜索到更多的客户主页信息。

如果我们把上面找到的这些客户的公司名称再分别放到搜索引擎里面做搜索，是不是就可以用到我在其他章节里面说的方法，可以找到他们在什么行业网站、B2B 上出现，是不是可以再通过这些行业网站或者 B2B 网站去发现更多更广泛的客户资源呢？

那我们打开的这第一个搜索页面还有什么信息可以让我们利用吗？

有！

请注意我们图 4-37 截图的最顶端，有 Espanol 这个按钮，让我们点击它，看看会有什么结果。

哈哈，当前的页面被自动地翻译成西班牙语了，那你是不是又知道了该产品的西班牙语的专业表达呢？如果把该产品的西班牙语关键词放到搜索引擎里面，是不是可以把西语区的客户都给搜索出来呢？

还有没有什么信息可以被我们利用呢？

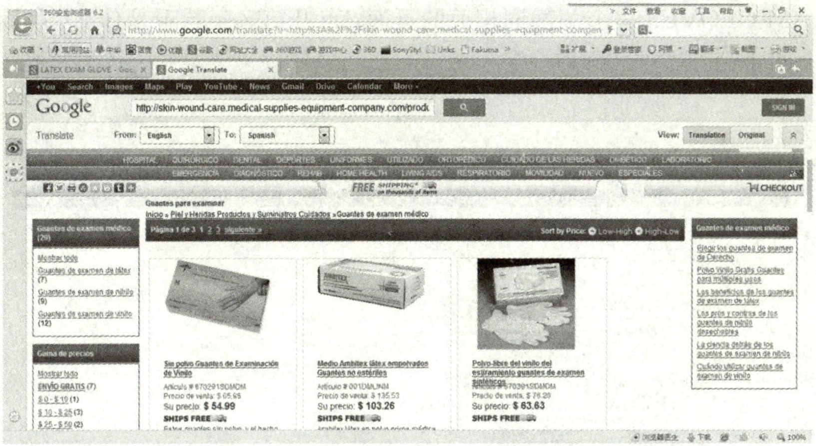

图 4-38

因为人的行为都有趋同性，如我在序言里面阐述的“杂货店理论”，我估计在我们打开的第一个搜索页面的这个公司所在区域应该还有其他公司在销售同样的产品，要知道现在市场竞争很激烈，这里我也没有必要对这个公司去定性他是进口商、批发商还是网店，让我们点开这个页面（图 4-38）的 Contact Us 看看。

Corporate Office (no showroom)
6420 Richmond Ave. Suite 233
Houston, Texas 77057, USA
Our offices will be closed on the following holidays:

Memorial Day
Independence Day
Labor Day
Thanksgiving
Christmas Eve & Christmas Day
New Year's Eve & New Year's Day

图 4-39

原来这个公司的地理位置是 Texas，那我想如果我把之前的关键词加现在这家公司的大地址 Texas 放到搜索引擎里面搜索看看是什么结果。

正如你所看到的，搜索出来的都是 TEXAS 这个区域里面的和 LATEX

EXAM GLOVES这个关键词相关的页面，点开第一条看看是什么，如图4-40、图4-41。

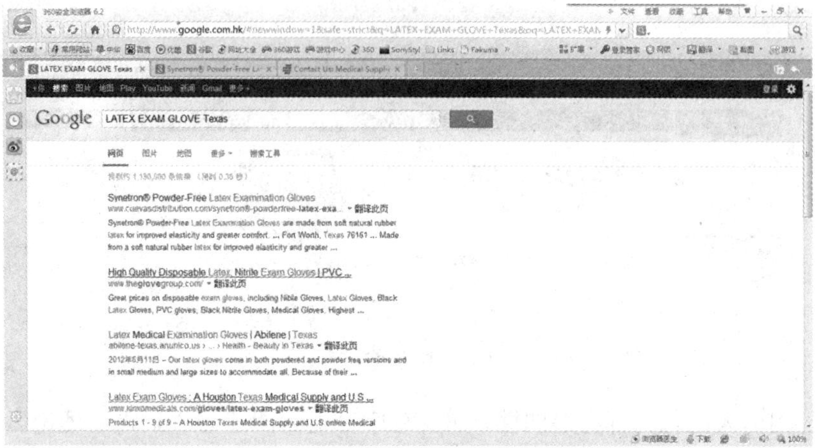

图 4-40

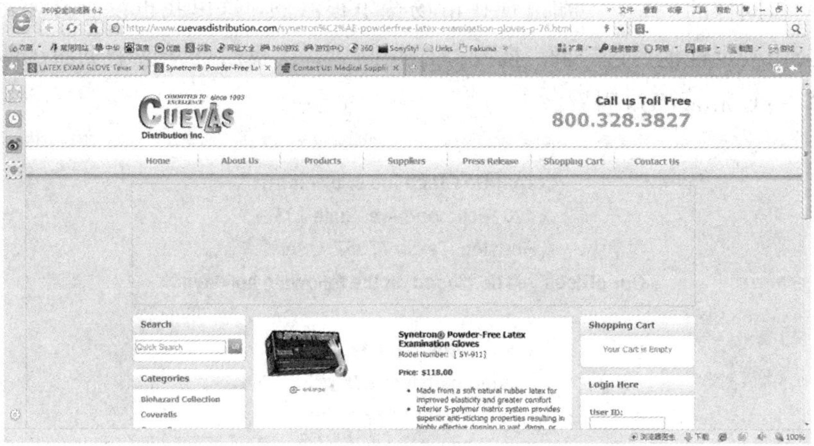

图 4-41

哈哈，好吧，正好是我们所要寻找的客户主页。

你看，其实找我们所需要的客户信息并不是那么困难的事情，看看你自己是否够灵活，对自己销售的产品是否够熟悉，是否真的是投入全身心的精力到外贸工作中去。

刚才上面还只是对树形图的根（也就是我们初级搜索结果的第一条）

做了拓展工作，如果后面每一条，你都去做这样的工作，可想而知你的信息量能有多丰富。

所以不要再自怨自艾、怨天尤人，踏实地去做每一步，相信你会有丰富的收获和回报！

第八节　在报纸、杂志、书籍上获取客户信息

报纸、杂志和书籍的作用不可低估，它们的首要作用是信息功能，能把消息传达给公众，给人们信息或提示；另一用途是它们的教导作用，它们能提供给我们许多知识，指导我们从事各种工作，还能使我们得到娱乐，因为它们有时刊登各种幽默故事、小品、体育运动项目等；同时它们还为企业、个人提供广告园地，企业可以以此宣传产品和服务事项。

作为一个外贸业务员，应该经常看看各种报刊，特别是经济类的刊物。同样我们也可以在上面挖掘客户信息。

如下是摘录自我在报纸上阅读的文章中的一节，我将用这节材料做分析，教你寻找客户信息：

“近年来，在欧洲富豪排行榜上连中状元的一直是德国的一对名叫卡尔·阿尔布莱希特和特奥·阿尔布莱希特的兄弟，不仅如此，在过去的短短十多年里，兄弟俩在美国《福布斯》富人榜上的排名急速上升，兄弟俩今年的财富总计达268亿美元，紧随比尔·盖茨和华伦·巴菲特之后，连续三年在世界巨富排名中蝉联第三。”

一、发家“穷人店”

“阿尔迪”的店名是德语“阿尔布莱希特折扣店”的简称，老板阿尔布莱希特兄弟俩出生于埃森市的一个矿工家庭，第二次世界大战后从母亲手中接过一家以卖奶酪为主的杂货店，在以后50多年的经营中，兄弟俩一直坚持简单、便宜的经营战略，结果生意却越做越大。

与其他商店相比，阿尔迪连锁店最大的特色是便宜，即使折合成人民

币，相对于当今中国人的收入水平来说，大部分东西的价格也相当低。该店常年销售的几种日常消费品价格（折合成人民币）如下：一公斤面粉 1.8 元，一升盒装纯苹果汁 3.5 元，一公升盒装牛奶 3 元。而德国人均国民生产总值超过 2 万美元，人均月收入是中国城市居民人均月收入的 5～10 倍。

二、每周至少开一家新店

由于价格便宜，阿尔迪一开始就深受德国低收入家庭和外国留学生的欢迎，但也正因是以价格便宜出名，在很多人心目中产生了便宜没好货的偏见。很长时间里，德国人只要经济条件尚可，都不屑进这家店购物，因为拎着阿尔迪的购物袋在大街上行走是件让人丢面子的事。直到 20 世纪 90 年代，阿尔迪在保持廉价的前提下，不断调整商品结构、档次，逐渐改变了该店在德国人心目中的形象。如今，到阿尔迪购物已经不再是丢面子的事了，开着奔驰、宝马到阿尔迪购物的人也大有人在。

从这段文字中我得到两个信息：（1）德国有个有特色的连锁商店叫“阿尔迪”；（2）它的客户群范围很大。

那我就考虑先在网上搜索这个叫“阿尔迪”商店的英文名称叫什么，直接在 GOOGLE 中输入“阿尔迪”这个关键词，我们很容易就可以搜索

图 4-42

到如下文段。

“1962年，特奥在多特蒙德开了第一间阿尔迪超市（Aldi-Market），店名由姓氏阿尔布莱希特（Albrecht）和折扣（Discount）的前两个字母组合而成。阿尔迪的历史由此开始。”

看，英文关键词有了——Aldi-Market，再放到GOOGLE里搜索，第一条就是该商店的主页，打开看到如下内容。

假设我们要寻找的是做宠物产品的客户信息，那先在Aldi-Market的网站里寻找到关于宠物产品的页面，如下：

图 4-43

由这个页面的图片可以看到产品是汽车用宠物垫，在图片中我们可以清晰地看到产品的名称是Shep Cargo Liner，我们猜测Shep是产品的商标名称，Cargo Liner是产品名称，那我们把Shep Cargo Liner作为产品关键词，看看是否能搜索到做这个品牌产品的生产商、批发商或者其他内容。

结果我们搜索到做这个产品的生产商的主页如下：

还等什么，快到CONTACT US里面找到E-mail地址发送推销信吧，还可以用相同的方法寻找其他产品的客户信息。所以大家要留心注意观察这类产品网站中的产品图片以及文字说明，有的甚至会说明该产品的生产商的名称。

图 4-44

同样，利用我们自己做的产品的专业期刊也是可以找到很多客户信息的。下面是实例。

假设我们是做塑料机械产品出口的公司，我在网上搜索得知，在南美洲的塑料机械的专业杂志是《Plastico》，后通过订阅或者其他方式得到这个杂志。我们再看看里面是些什么内容，如下图。

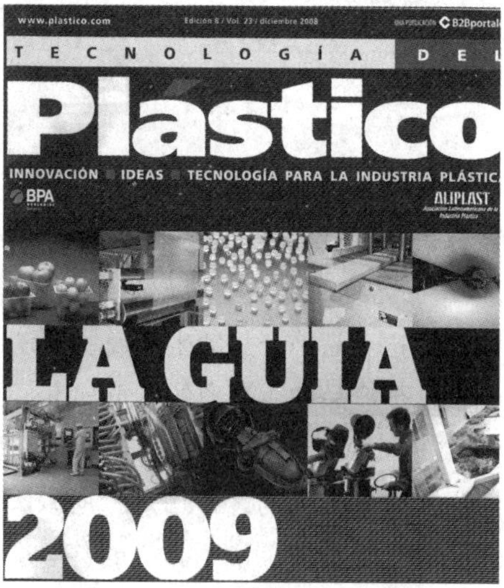

图 4-45

Materias primas / Aditivos y químicos

GUÍA DE PROVEEDORES 2009

RTP Company
Shuman Plastics

Silicona

Parabor Colombia Ltda.
Yancheng Jingwei Chemicals Co., Ltd.

Uretano termoplástico - No Elastomérico

Bayer de México, S.A. de C.V.
Bayer MaterialScience LLC
Lubrizol do Brasil Aditivos Ltda
Merquinsa Mercados Químicos S.L.
RTP Company
Shuman Plastics

Uretanos, sistemas completos

A-Gas Americas Inc.
Bayer de México, S.A. de C.V.
Bayer MaterialScience LLC
Chemtura Corporation
Comercializadora Industrial JFD
Crosslink Technology Inc.
Merquinsa Mercados Químicos S.L.
Tosoh USA, Inc.

Vinil Ester, resinas y compuestos de moldeo

Croda Colombia

ADITIVOS Y AYUDANTES QUÍMICOS DE PROCESO

En esta sección encuentre proveedores de los siguientes productos:
- Aditivos de acabado y decoración
- Ayudas de proceso
- Modificadores de propiedades
- Otros aditivos

Aditivos de fragancia

Cristal Master Ind e Com Ltda.
Cromex S/A
Eastman Chemical Company
Promaplast Olefinas, S.A. de C.V.
Recubrimientos Plásticos S.A. de C.V.

Aditivos, en general

Ampacet
Ampacet South America
ATOFINA Chemicals, Inc. / Arkema Group
Chemtura Corporation
Clariant Masterbatches
Colquímicos S.A.
Comarplast Aditivos
Crowley Chemical Company,Inc.
Expancel
Julio Garcia e Hijos S.A.
Minera Roca Rodando S.A. de R.L. de C.V.
New Particle Chemical Colors Corp.
Parabor Colombia Ltda.
Purge-USA
Struktol Company of America
Unimin Corporation

Agentes clarificantes

Ampacet
Ampacet South America
Clariant Masterbatches
Cristal Master Ind e Com Ltda.
Cromex S/A
Milliken Chemicals
Viba SpA.

Agentes de acople

Arkema México, S.A. de C.V.
Chemtura Corporation
Multikem S. A.
Yancheng Jingwei Chemicals Co., Ltd.

Agentes de catálisis y curado

A-Gas Americas Inc.
Arkema Group
Comercializadora Industrial JFD
Cristal Master Ind e Com Ltda.
Honeywell Performance Polymers & Chemicals
Multikem S. A.
Tosoh USA, Inc.
Viba SpA.

Agentes de desmoldeo

A-Gas Americas Inc.
Ampacet
Ampacet South America
Cognis Importação Comércio Oleoquímica Ltda
Colquímicos S.A.
Comarplast Aditivos
Comercializadora Industrial JFD
Cristal Master Ind e Com Ltda.
Croda Colombia
Cromex S/A
Crosslink Technology Inc.
HASCO Normalien México S.A. de C.V.
Honeywell Performance Polymers & Chemicals
IMS Company
McLube Division, McGee Industries, Inc.
Mold Finish
Promaplast Olefinas, S.A. de C.V.
Slide Products Inc.
Struktol Company of America
Unifion Plásticos e Fluoropolímeros

Agentes de entrecruzamiento

Arkema Group
Bayer de México, S.A. de C.V.
Bayer MaterialScience LLC
Chemtura Corporation
Cristal Master Ind e Com Ltda.
Multikem S. A.
Polímeros Nacionales S.A. de C.V.
Viba SpA.
Yancheng Jingwei Chemicals Co., Ltd.

Agentes de soplado

A-Gas Americas Inc.
Bergen International, LLC
Comarplast Aditivos
Comercializadora Industrial JFD
Expancel
Honeywell Performance Polymers & Chemicals
Industrias Maqtor S.A.

McLube Division, McGee Industries, Inc.
Promaplast Olefinas, S.A. de C.V.

Agentes espumantes

BERGEN
▶ Bergen International LLC
Tel: (201) 909-3767
Fax: (201) 909-3769
sales@bergeninternational.com
www.bergeninternational.com
Servicio al Lector: 53

Ampacet
Ampacet South America
Arkema México, S.A. de C.V.
Chemtura Corporation
Clariant Masterbatches
Cristal Master Ind e Com Ltda.
Cromex S/A
Grupo Plástico Nova
Multikem S. A.
New Particle Chemical Colors Corp.
Promaplast Olefinas, S.A. de C.V.

Antioxidantes

Ampacet
Ampacet South America
Chem-Pak Inc.
Chemtura Corporation
Clariant Masterbatches
Colquímicos S.A.
Cristal Master Ind e Com Ltda.
Cromex S/A
Cytec
Julio Garcia e Hijos S.A.
New Particle Chemical Colors Corp.
Polímeros Nacionales S.A. de C.V.
Recubrimientos Plásticos S.A. de C.V.
Slide Products Inc.
Struktol Company of America
Viba SpA.
Yancheng Jingwei Chemicals Co., Ltd.

Ayudas de proceso, generales

A-Gas Americas Inc.
Ampacet
Ampacet South America
Arkema Group
Arkema México, S.A. de C.V.
ATOFINA Chemicals, Inc. / Arkema Group
Clariant Masterbatches
Colquímicos S.A.
Comarplast Aditivos
Comercializadora Industrial JFD
Croda Colombia
Honeywell Performance Polymers & Chemicals
Julio Garcia e Hijos S.A.
McLube Division, McGee Industries, Inc.
Parabor Colombia Ltda.
Promaplast Olefinas, S.A. de C.V.
Purge-USA

REFUERZOS

NYCO, el mayor productor y proveedor de wollastonita en el mundo, presenta los productos ASPECT 3000 y ASPECT 4000 para plásticos de ingeniería. Estos grados, con amplia relación de aspecto y un tamaño fino de partícula, proveen alta rigidez con buena ductilidad, HDT mejorado y bajo CLTE en comparación con otros minerales. ASPECT 3000 y 4000 tienen un precio competitivo para extender fibras de vidrio de alto costo molidas o cortadas. Estos productos complementan la línea existente de productos de wollastonita ultrafina de NYCO y se encuentran disponibles como no tratados o con superficie modificada para mejorar las propiedades de desempeño y procesamiento.

Por su parte, NYGLOS MD 1000 ha sido desarrollado para proveer igual o mejores propiedades al carbonato de calcio de 2 micras con contracción de molde similar.

NYCO es un proveedor de primer y segundo nivel y cuenta con certificación ISO 9001/14001. Estos productos, junto con una serie de material particulado de diferentes grados, tratados y no tratados, están disponibles desde la planta de NYCO en Hermosillo, México.

Tel. 52-662-289-1030
Fax: 52-662-289-1090
E-mail: teodoro.calderon@nycominerals.com
www.nycominerals.com
Servicio al Lector: 107
nyco
One Mineral, A World Of Applications

Colorantes

Ampacet
"Managing the Elements of Success"
▶ Ampacet South America
Colombia: Tel: (57.1) 404-9453
Fax: Ext 204
Chile: Tel/Fax: (56.2) 447-9290
Servicio al Lector: 49

Ampacet South America
Arkema México, S.A. de C.V.
Cabot Colombiana S.A.
Clariant Masterbatches
Colquímicos S.A.
Cristal Master Ind e Com Ltda.
Cromex S/A
Oxygio Color Corp.
Holiday Pigments SA
Honeywell Performance Polymers & Chemicals
Julio Garcia e Hijos S.A.
Milliken Chemicals
Mold In Graphic Systems
New Particle Chemical Colors Corp.
Parabor Colombia Ltda.
Philadelphia Plastic Recycling Inc.
PolyOne de México S.A de C.V.

chem-pak, inc.
▶ Chem-Pak, Inc.
Teléfono: (305) 887-6920
Fax: 305-883-8254
sales@chem-pak.com
www.chem-pak.com
Servicio al Lector: 56

A-Gas Americas Inc.
Clariant Masterbatches
Colquímicos S.A.
Comercializadora Industrial JFD
Croda Colombia
Eastman Chemical Company
Exline Plastic Technology
Honeywell Performance Polymers & Chemicals
Mold In Graphic Systems
Polímeros Nacionales S.A. de C.V.
Rohm and Haas Colombia
Slide Products Inc.
Viba SpA.

Estabilizantes

Ampacet
Ampacet South America

图 4-46

看，杂志里除了有论文、市场报告等内容外，还有相当的篇幅是在杂志上做广告的各种厂商和公司，这不就是第一手鲜活的客户资料吗？这些厂商、公司的广告中包含了公司名称地址、电话、传真、主页、电邮等详细信息。

第九节　到第三方检验机构或相关认证网站上找客户

不同检测机构的检测项目适用于不同的产品，同时当某种产品输入某个国家的时候，有的国家会要求该产品具有相关认证的证书，或者在某个部门的网站上注册备案，以方便进口清关和这些国家对生产这些进口产品的公司进行控制和管理。一旦产品出现任何问题，可以及时召回，并迅速得知该产品的生产商信息，以便作出进一步的处理，提高管理效率。

我们将这个程序反过来想，逆向思维，通过这些网站我们是不是就可以找到我们需要的客户信息（该产品的生产商）呢？答案是肯定的！注意，我曾提过，生产商（国外）也是我们的客户。

一、对第三方检测检验机构的网站利用

第三方检测检验机构有很多，比如 SGS、RoSH、NELSON 等。我们可以通过在这些网站上发布的做过该产品的公司名录用来搜索客户的公司名称，然后将该公司名称放到 GOOGLE 等搜索引擎中继续搜索该公司的主页，从而达到找到该公司的联系方式的目的，为与该公司建立业务联系创造可能性。

如下是用 SGS 的例子。

首先，在 GOOGLE 中搜索到 SGS 认证的公司主页，如下：

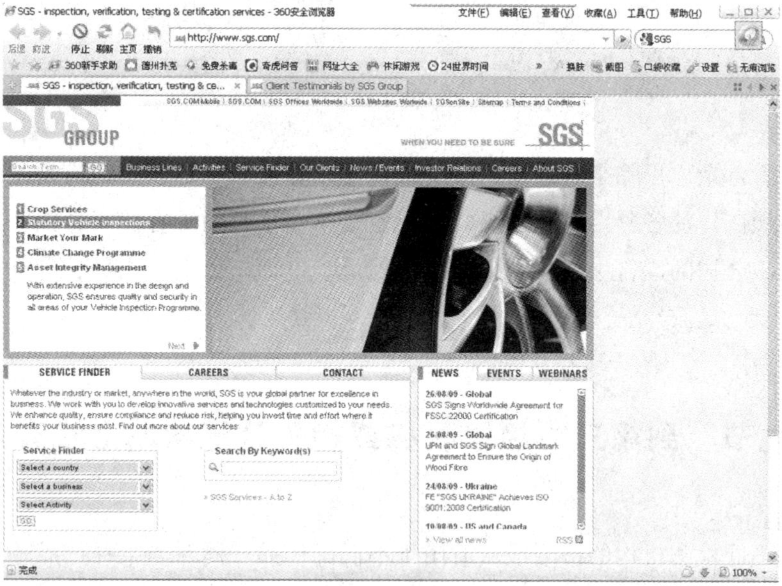

图 4-47

在参考客户信息一栏，可以找到如下内容：

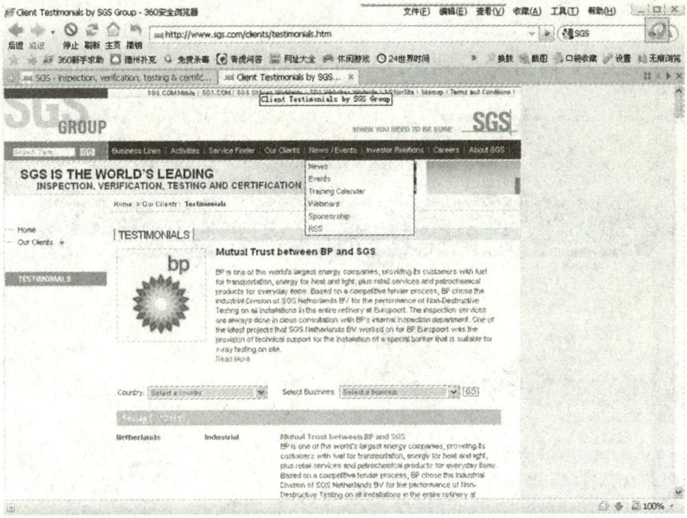

图 4-48

看，有这么多客户的公司信息，我们可以去寻找我们所需要的目标客户公司名称，在搜索时还可以将工作细化，得到更精确的客户群资料。同时我们还可以主动联系 SGS，告诉他们，我们公司也想做×××产品的×××测试，问能否提供这类产品有哪些国外公司已经做过，以供我们参考，或者如何在他们的主页上寻找这些信息作参考。当然，其实你的实际目的是不言而喻的。

二、商品准入

某些产品在准入某个国家时，需要在相关部门做备案，取得某个编号，以便进口商在收到货物时做进口清关时使用，这种现象在外贸业务中也是非常普遍的。比如电气产品进入美国需要有 UL 认证，医疗产品进入美国需要在 FDA 做备案，有的产品甚至需要 510K 号码等。这些官方网站上也有大量的、翔实的、高质量的信息可以被我们利用。

比如，我是做牙刷的出口商，我想开拓美国市场，客户告诉我，牙刷归 FDA（美国食品药品管理局）管辖，属于 I 类产品，进入美国市场之前，需要在 FDA 做备案和注册，并针对你所经营的产品取得 device listing number。

首先我利用搜索引擎找到 FDA 的官方主页如下：

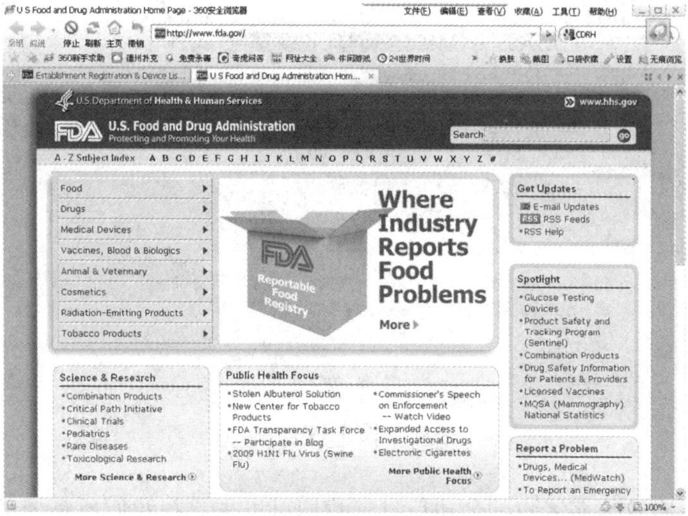

图 4-49

然后找到医疗保健品器械目录下的数据库，在该数据库的搜索栏中键入我想查询的产品关键词 toothbrush，如下图：

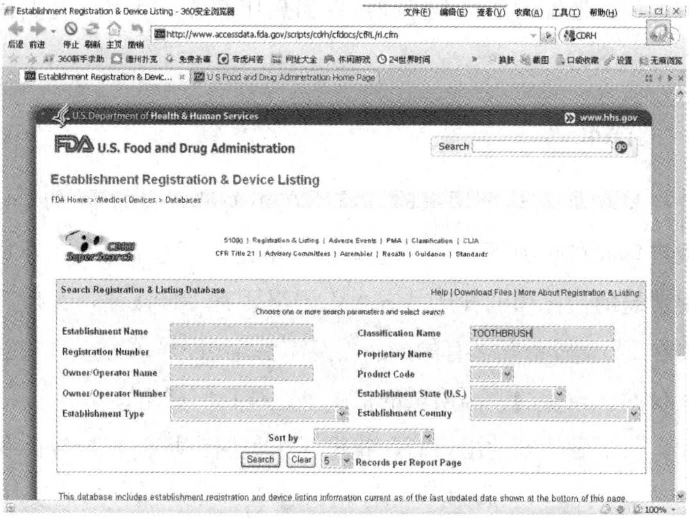

图 4-50

我们不用去限定其他条款，这样搜索到的客户群范围会比较广一些。如下：

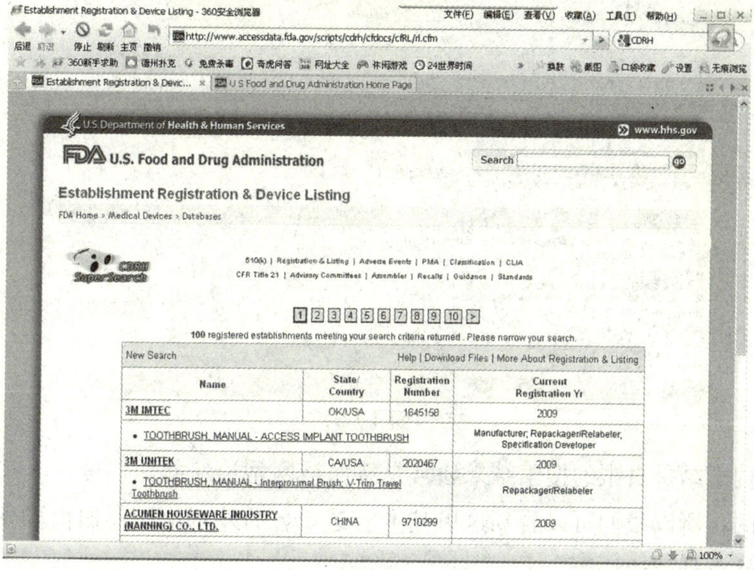

图 4-51

看，这可是宝贵的客户名录，点击公司名称，还可以看到该公司的地址、注册的其他产品，这是不是对我们来说很有用呢？赶快发信去吧。

这只是一个操作的例子，如果你是个有心人，还可以用同样的方法寻找其他产品，在其他认证机构的网站上寻找类似的信息。

第十节　其他渠道：在论坛、使馆发布的采购信息上找客户

很多逛论坛的外贸新手很羡慕一些老手发布的庞大的客户资料或者采购资料，其实你如果在网上下足了功夫，也可以像他们那么风光。

那么如何在外贸论坛上搜罗大量的客户采购信息呢，其实方法很简单。

首先在GOOGLE、百度等搜索引擎上输入“外贸论坛”四个字，我们可以搜索到如下内容，详见图4-52。

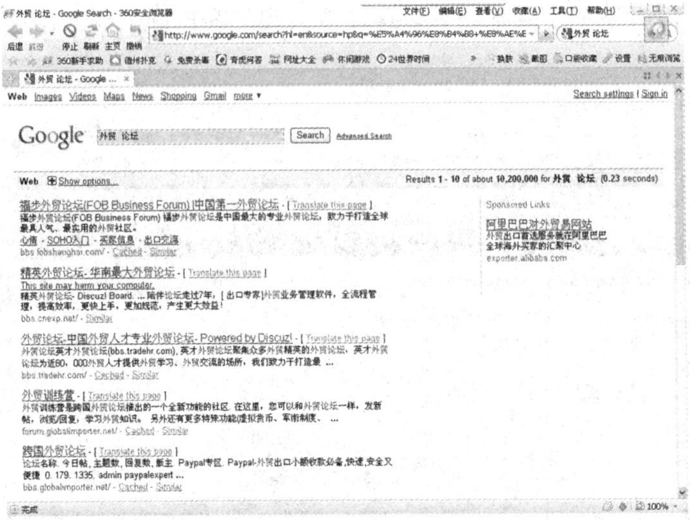

图 4-52

搜索结果页中的搜索结果通常是按照该网站论坛的知名度、人气度来排列的，所以我们可以看到这里基本上是知名的外贸论坛，如福步外贸论坛、精英外贸论坛等。

下一步工作，进入这些论坛注册，通常这些论坛都有“买家信息/资料”这个栏目，里面有外贸业务员发布的各种产品的客户资料、买家信息。有时候因为自己的积分比较少，你刚注册很容易被限制看这些帖子的内容，所以需要新注册的人进去灌灌水，赢取积分。

记住，要养成良好的习惯，如上的搜索页面不要只看第一页，往后面多翻几页。

在我国沿海发达的大中小城市，外贸行业都相当发达，所以为了增加你对每个沿海城市外贸论坛的搜集率，你可以在关键词之前加上城市名称，比如“宁波外贸论坛”，看看能搜出来多少内容，如下：

看，这里有“宁波外贸联盟”、“宁波外贸之家”等，原来一个城市的外贸论坛也不止一家，同样进去注册（有的论坛不需要注册），查找客户、买家信息的相关板块，以丰富自己的潜在客户资源。

其他的一些外贸书籍和论坛介绍过，**搜集信息时可以在我国驻其他国家的大使馆或者领事馆的网页上寻找这些机构发布的国外客户的求购信**

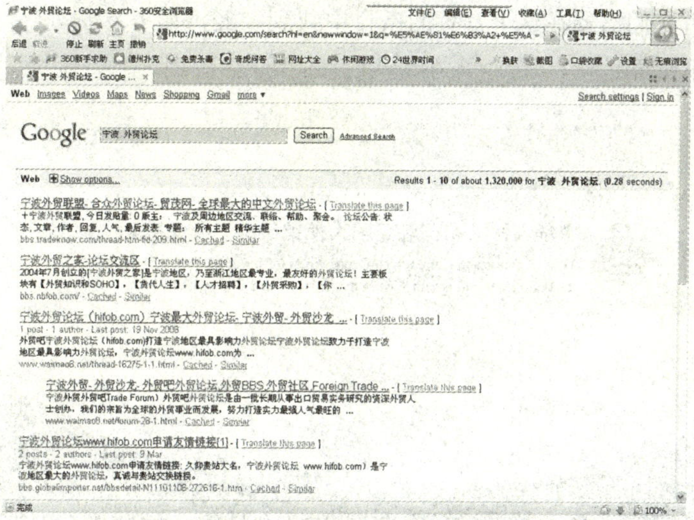

图 4-53

息，但是还是有不少外贸新手不会操作，如下是图文并茂的操作步骤。

比如我们要找中国驻美国大使馆发布的信息。

首先在 GOOGLE 等搜索引擎中键入“中国驻美国大使馆”，我们可以很容易地搜索到如下页面：

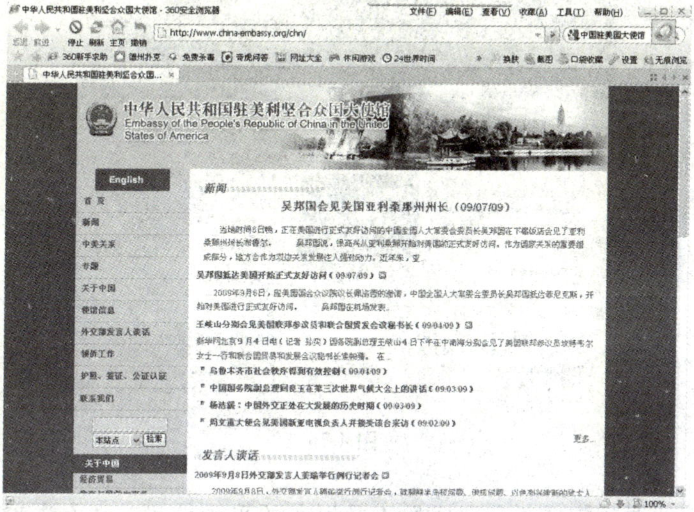

图 4-54

然后我们需要在这个首页的条目中找到“经济商务参赞处”，点击它，跳出如下页面：

图 4-55

为了阅读的方便，我们选择中文版进入，可以看到如下页面：

图 4-56

内容真是很丰富，有现成的逐月发布的采购信息，还有进口商名录，还有一些关于当地各行各业发展的经贸信息，这些资料都是经过审核的，真实有效，对我们外贸业务员的工作有很大的帮助。逐个点击进入，查询自己需要的信息。在该网页的下方还给出了一些商贸网站的链接，这也是不可多得的一手资料。

外贸业务员的工作不怕你做得细致，就怕你做得不够细致。

本章小结

工欲善其事，必先利其器。很多外贸新人倒在了寻找新客户的征程上。本章节主要就是告诉大家，当你向一个高地发起冲锋的时候，你有哪些“武器”可以选择和使用。传统的工具方法就在那里，你可以一样一样地套用、尝试。但是时代在进步，网络飞速更新，所以你最好在保持优秀传统方式的情况下，不断寻找开拓新的“武器”，利用它们对网络资源进行海、陆、空全面进攻，寻找挖掘更多的目标客户。

相比以前，现在很多公司的推广营销手段已经触及不同的网络媒体，比如 LinkedIn、Facebook、Twitter 等。反过来你也可以利用这些媒体找到你所需要的客户信息。没有一成不变的事物，唯有不断进取的心可以让你走得更远，飞得更高。

第五章
掌握行业贸易情报，抓住每一个商机

商场如战场，瞬息万变，外贸业务更是如此。俗话说：知己知彼，百战不殆。为了在外贸业务中始终立于不败之地，业务员们必须掌握如何收集自己行业的贸易情报，为自己业务的发展，制定正确、完备、有效的方针。

第一节　从玩网游看如何收集外贸情报

不知道大家是不是和我一样喜欢在业余时间玩网游。如果你玩打怪兽升级类的游戏，通常游戏里都有一个虚拟的市场，player（选手）在那里倒卖装备，购买自己所需要的东西。其实仔细观察你会发现虚拟的市场和我们现实的市场是有某种共通性的，会给我们一些启示。

一、游戏中的外贸情报

游戏里的几个大商人能够操纵游戏虚拟装备、物品的价格，现实中亦是如此。

在游戏中我通常会去看看这几个大商人开的店，看看当前他们的装备、物品的销售价格，这样就可以大致估计目前装备、物品的价格走向。同样在现实中，比如你知道哪些客户是在美国（或者你的其他目标市场）销售、批发你这个产品的主要供应商，那么他们产品的销售价格就可以为你提供参考了，他们是行业价格的风向标。根据他们提供的终端销售价格，折算自己的出口产品报价一定会更合适。

通常我会用一个该国家常用的邮箱，以一个该国客人的身份去询问某些产品的价格，收集整理他们价格的波动情况，以便做出相应对策。比如为了得到美国的价格，我就注册一个 AOL（美国在线的邮箱），然后以他们国家客户的身份去询问价格。

二、游戏中的经商之道

玩游戏的人都知道，你开个虚拟商店，里面销售各种虚拟的商品、装备，有时候明明进来一个战士，但是他可能买的却是弓箭手、魔法师用的东西。

在外贸业务中，也有类似情况。就拿我的一位客户来说，他们网站上的产品仅仅能和我给他们做的产品沾边，甚至没有关系，但是他们的采购量依然很大。虽然我不知道具体原因，但是我的做法就是只要是和我做的产品是一大类的客户，我都会向他们推销我的产品，也许会有意外商机。

比如，我们公司是销售塑料、橡胶机械的配件机筒螺杆，可是有时会收到客户需要整机或者其他配件如模具的询盘。这时我会表明我们是专门生产机筒、螺杆的企业，既然你需要整机或其他配件，我想你们也是需要我们的产品的。总之，抓住机会不遗余力地推销自己的产品。

第二节 分别从国内竞争者和国外客户处收集外贸情报

大家应该知道准确的市场信息、商业情报对外贸业务的重要性，准确的市场信息、商业情报是外贸业务员判断市场行情的重要依据。收集它们的重要性也就不言而喻了。打个比方，A、B 两个人都做五金产品的外销工作，A 仅仅只能把握市场的表面信息，跟随大流，别人做什么产品，他就做什么产品；B 没有盲目地跟随别人的步伐，坚信适合别人的不一定适合自己，B 广泛地采集市场信息，跟随市场的变化趋势，及时从一些表面现象提取深度信息，为我所用，结果 B 找到了一些紧俏的产品信息，比如目前德国市场螺丝刀销售异常火爆，他有针对性地向德国出口螺丝刀，赚取了很大的利润。

一、逛超市搜情报

在开始正式叙述之前，我想先问大家一个问题，平时你们去乐购、好又多、家乐福、沃尔玛、麦德隆采购时，你除了买东西还会做其他事情吗？

我一般会随身带一支笔和一个小记事本（当然现在的手机都有强大的拍摄功能，也可使用），我去超市除了买东西外，还会做如下工作。

（一）货比三家

观察自己正在做的产品或打算开发的产品的品质、包装、外观、价格，回去到网上搜搜，看看国内外的网店上的价格、包装、尺寸等，和自己的成本做一个比较。

（二）观察新产品

看看是否有什么新产品，即使是我们生活中不用的。特别要关注一些大超市的国外进口产品区域。如果大家仔细看美国电影会注意到，一些在国外超市里销售的产品，在我们国家并不是很常见和使用的，但是在国外的使用量相当大。我在看国外当代影片的时候都会注意影片中他们的家里的摆设，工作、生活中的用品。你也可以试着做做。

★ 注：如果你去宜家逛逛，兴许会发现不少国内市场上罕见，但由中国工厂代工的有趣物件。

（三）留心包装

查看产品包装时最好记录生产商，回头查查他们的网站，看看是否有什么信息。有的工厂为了引起更多新客户的注意，喜欢把某个客户新产品的图片贴在公司网站上，这对于你拓展新产品是很重要的。

（四）大超市搜信息

另外，家乐福、沃尔玛、欧尚超市都有这样的现象，不知道你们注意过没有，有时候他们会开辟某个柜台或者区域，打折销售一些包装都是外文或者有他们自己标志的商品。如果你运气好，在个别包装上面可以看到这个产品的销售商信息。就算没有，至少可以说明这个产品正在出口，需求量大，做多了只好内销。同时根据上面的外文，你还可能大致判断出产品发向什么国家。多思考，你能挖掘到更多东西。

二、阅读文章抓信息

很多外贸业务员已经学会了在网络上寻找自己所做产品的相关文章，那么在我们阅读这些文章时需要如何去提取文章中的有用信息呢？

如下是我在网上摘抄的一篇文章，结合自己的分析，看看我们可以得到些什么有价值的信息。

“美经销商主要进货渠道由本企业（如大型建材超市、大型建筑发展商等）设在海外的独资或合资工厂提供货源，通过本国进口商或分销商进货（区域性建材经销商和建筑商），通过互联网向海外建材制造商购买（小型建材供应商、代理商），通过参加中国境内有关交易会、行业展销会订货（具有一定经济实力的建材进口商或建筑发展商），通过在美国有关城市举办的行业博览会、洽谈会订购（区域性分销商、代理商和建筑商），从美国大型家居连锁超市购买（中小型建筑装修公司、个人），通过生产厂家或代理商上门推销产品选购（区域性中小型建材分销商）。”

笔者解读注

看完这里，我会做如下一些工作：

1. 特别留意该产品的展会信息，查询展会客户，看看客户们的主页，看看他们都做些什么产品。

2. 上面说到超市。那肯定可以在一些专门的行业超市（就像国内大多数城市都会有专门的建材市场）或者沃尔玛里找到一些有用的信息。

3. 大家在网上都有这样的经历，搜某个产品，结果搜出来这个产品的网店，这也是很有用的，为了促销，他们一般会展示给客户清楚的产品图片。如果你留心看，某些产品是带包装的，很多图片都能放大，放大了就能看到包装上面销售商、批发商或者生产商的名称等信息，下一步就是赶快去搜这些销售商、批发商或者生产商的主页。

“美国消费者非常看重产品的品牌、销售厂家的信誉和经销风格。为适应消费者心理，一些专营建材的大型连锁超市应运而生，规模都很大，店铺面积通常为 5 000 至 10 000 平方米，且全国连锁，统一进货、配送渠道和销售价格。在营销方式上采取换位思考方式，即站在消费者角度来开展营销活动。

“根据美国人在购房后喜欢忙里偷闲，亲自设计、装修居室或利用闲暇假日维修院落的特点，美国最大的建材零售商 Home Depot（家得宝）提出自己动手（do it yourself—diy），自己选购（buy it yourself—biy）的口号，并免费提供家居装修咨询和举办培训班。其竞争对手 Lowes 也适时打出一站式购买（one stop shopping）的旗号，最大限度地考虑顾客利益，方便消费者购买产品。为此，店家在销售的产品种类上力争齐全和相互配套，使消费者在一个店内即可将日常家居维修、保养所需的材料购齐。这类商店各种建筑和家居装饰材料应有尽有，从黄沙、石子、水泥、混凝土制品到木材、贴面板、墙地砖、各色油漆涂料、卫生洁具和水龙头都整齐地分类摆放，另外，各种电器电料、五金工具等也一应俱全，供客户选购。这种方便消费者的经营方式反过来也在某种程度上提高了经销商的知名度和市场竞争力。”

笔者解读注

上面的文段给出了两个零售商的例子，那我们可以把这个零售商放到搜索引擎里搜一下，看看与其相关行业其他客户的信息。详细搜索方式在此不再赘述。

另外相关网站也会提及他们的产品，你可以对比一下你现在做的产品，看看有没有可以开发的产品。

同时你要知道建材行业不是孤立的，它和电器电料/五金工具也有关联，那你也可以考虑跟你的老客户讨论一下这些产品，客户是很愿意听听你拓展市场的建议和意见的，这能为他们提供有用的思路和信息。

美国等发达国家的环保意识日渐深入人心，这反映在建材市场上，表现为对产品的节能性、对人体及环境的无污染性要求更高。同时，一些建材产品更加强调节省自然资源、可再生和循环利用，如替代天然木材的塑料“木材”(广泛用于住房晒台、阁楼板、条凳、野餐桌、围墙、护栏等)，此类建材抗自然风化性、抗腐蚀性强，且不怕虫蛀，不会龟裂，同时又不会像经化学制剂处理过的木料那样对水土造成污染。以速生树种或边角木料取代成材时间长的硬木材而制成的层压复合板材、桁条、地板龙骨，替代吊顶和内外墙饰面板的纤维水泥披迭板，具有很好的防火性能，且经久耐用。经过低辐射涂料处理的窗户框架、中空安全隔热玻璃，以及采用玻璃钢原料制成的房门可有效地抵御阳光辐射和保温节能。

笔者解读注

对这一段的解读和上一段基本相同。

有空不妨另外找找那些代表新发展趋势的产品信息看看。

看了如上我对一段产品行情文字的解读，有一些启发吗？

收集外贸情报的另一方面就是从国内你的竞争者那里发掘有用的信息，观察市场的动态，时刻紧随市场发展的脚步。具体有如下工作可以做：

1. 定期浏览相关网站

查找产品信息最直接的方法就是从有关公司、商店、行业协会的网站上查找。国外领先产品的今天可能就是我们产品的明天，了解国外新产品的情况及发展趋势，对帮助我们开发新产品极有帮助。特别是在生产厂家的网站上，往往会找到对产品的技术性能信息的详细说明。如我们有不明白之处，还可发电子邮件询问。我们不妨选择国内几家业内领先企业，定期访问他们的网站，跟踪他们的新产品开发信息。最好的办法是作为竞争者的顾客中的一员。

2. 经常参加行业聊天室

由于企业一般有较强的保密意识，所以在其网站上公布的信息常常经过特殊加工，一般阐述的内容深度不够，而且时效性较差，往往是企业已经或即将推出的新产品的信息。如何获取质量更好的信息呢？参加行业聊天室是一个好办法。特别是技术人员组成的聊天室。在不经意的闲聊中，说者无心，听者有意，往往可以得到很多有价值的信息。如微软为提防Linux对其操作系统Windows的挑战，就经常访问有关Linux的BBS和新闻组站点，以获取最新资料，有人发现微软居然是Linux的BBS站点访问次数最多的游客。

3. 注意跟踪竞争对手的招聘广告

产品是需要人来开发的，从竞争对手对应聘人员技术背景的要求上，我们可以判断出其新产品开发的基本方向。网上有无数招聘网站，我们可以从中选择几个竞争对手经常发布广告的站点，观察他们的人员需求情况，特别是对技术人员的需求情况，由此大致判断竞争对手的产品走向。

4. 查找专利数据库

由于专利审批需要一定时间，而且需要公布专利的一般资料，所以，观察竞争对手的专利申请情况是了解其新产品开发计划的途径之一，网上也可查找专利。我们可以直接通过专利数据库或委托专利事务所代理查询。

根据联合国权威部门统计，约有90%～95%的新技术是在专利文献中报道的。通过检索竞争对手在某一技术领域申请的专利，并对这些专利及专利文献内容进行深入分析，便能判断出竞争对手的研究与开发方向、经营战略以及产品和技术优势等。专利申请的成功就意味着竞争对手在未来几年里独占这一市场，而且利用专利文献引进最新技术也是提高企业竞争力十分重要的途径。

比如，苹果同三星在手机行业的专利攻防战就可见一斑。

5. 从其他网上媒体获取竞争者信息

如果竞争者是一个有较高知名度的公司，我们可以通过网上电子版报纸，如《人民日报》、《光明日报》等，以及电视台的网上站点，如CCTV等，对竞争者的报道来了解竞争者，同时，我们也可以在搜索引擎中输入竞争者的名字，然后查找网页来获取有关竞争者的资料，或者在该企业所在省份、市、县的政府网站上了解他们的相关信息，因为这些企业通常是纳税大户，国家有相应的补贴、优惠和扶持政策，这些内容通常会在当地人民政府网站上公示。

6. 网页——竞争情报的新载体

在数字经济时代，网络成为所有信息传递、加工和处理的最好载体。通过搜索各种网页，不难发现非常有价值的竞争情报线索，例如网上合同的详细模板、设备说明书、新设备的资料、企业间的兼并与联盟、市场策略的研究与开发活动、扩张计划、工厂的产量、合作方式、客户名单、技术实施等。另外，专利和商标网站、Usenet上的讨论组、招聘广告和简历网站、政府网站、公司主页、地方新闻报纸杂志网站以及商贸出版物等都是获取竞争情报的有效途径。

以饮料工业为例，将“竞争对手的名称”与“客户”这个词进行组配，用搜索引擎进行检索发现许多同行公司的网站，点击发现其中一个网站提供了有用的竞争情报，该公司网站把自己的先进设备作为成功的例子进行宣传，张贴了生产线的特写照片。其捧场文章中也提供了一些其他照片、产量、所采用的生产线、纸版包装的制造商以及包装的主流等。

当然，你也可以在GOOGLE IMAGES里输入你的竞争对手的名称，显示的搜索结果页面会出现各种各样的图片，其中就会有这个公司经营的这种产品的图片，还有车间、仓库等生产流通环节的图片，这些对你自己

公司的发展具有一定的参考性。

7. 公司主页

在当今瞬息万变的经济时代，在网上投放了广告的公司能否获取点击数量，主页的内容和设计是非常重要的，它是企业在网上的对外窗口，是企业以文本和图像等形式在互联网上宣传自己的产品和服务的主要阵地。因此，不要忽视最基本的网上竞争情报源——竞争对手的主页。没有什么网页能比一个公司的主页提供更有效和更有价值的竞争情报。公司主页不仅提供新闻和公司背景介绍、产品名称类别，还有公司总裁的传记、讲话和招聘广告、组织结构图、会议展览和到会的人数等有价值的信息。如果幸运，通过该公司的主页还可以获得他们国外合作公司的详细信息。除了公司的主页之外，贸易协会网站的主页还提供了有价值的行业信息及企业信息；学会站点的主页则会提供学会会员的名单、新闻、出版物分析、统计数据等信息。

主页上的重要链接表明了企业间的商务关系。

在互联网出现之前，信息工作者一般从联机服务检索（商情数据库）获取数据，信息的分配是受控的。这些数据库的最重要部分来源于公司的原始信息（公司的主页），比如准予公开的内部新闻、讲话和年度报告等。而互联网上的信息分配则较为公平，只要在线搜索，就能获得许多重要的竞争情报。例如，通过一个公司主页上的对外链接，我们可以了解公司与公司之间的商务关系和潜在的贸易机会。

今天，在全球电子商务发展的初级阶段，市场竞争偶尔会出现无序状态：分销商会在网上公开价格表，合资股东会公布合同的详细内容，前雇员在网上公开张贴自己的简历从而把以前公司所从事研究的细节公之于众。这些都可以作为我们关注的信息。

8. 商业信息网站——获取竞争情报的站点

现在，网上出现了一些专门提供商业信息的网站。例如，http：//www. ceoexpress. com 拥有丰富的商业信息，是一个获取网上商业信息的好向导。该网站对商业信息资源进行了分类和整理，包括新闻、商业和技术杂志、政府站点、国际商务资源和公司研究站点等。而 http：//

www.corporateinformation.com 网站则主要提供海外商业信息。通过该站点可以链接到全球各地区的网站，还可以很容易地访问相关站点而得到证券交易信息、公司名录、政府信息等资源。

9. 求职网站

现在，出现各种各样招聘与求职网站。通过网站招贤纳士几乎被所有的上网公司所采用。分析和研究这些网上招聘广告，我们可以获取许多竞争情报，能了解该公司所使用的技术、策略、研究方向和开发重点，甚至扩张计划等。

10. 网上竞争情报的动态管理站点

竞争情报研究不是对某一特定问题的具体回答，而是反映竞争环境的动态过程。因此，必须建立竞争情报监测系统，只有这样，才能掌握活的情报。现在，网上信息更新速度很快，同时网上信息污染也越来越严重。一些公司提供的网上预警监测服务和管理软件可以帮助你跟踪并获取瞬息万变的网上竞争情报。通过对竞争对手的网页进行自动搜索，只要竞争对手的网页有所更新或者竞争对手有任何新的举措（通过其网页反映出来），公司就会立即通知其客户，从而使客户获取动态的竞争情报。

11. 用互联网跨越语言障碍获取竞争情报

搜集海外竞争对手的信息是当今竞争情报工作不可缺少的部分。信息技术的迅猛发展，为我们获取低成本信息创造了有利条件。使用各国各地区的搜索引擎，来获取相应信息，因为各国多以母语制作其网页，进行网上搜索，语言障碍是在所难免的。像魔术师一样的 http：//babelfish.altavista.com 网站可以帮助我们跨越语言上的障碍，获取全球各地的竞争情报。该网站提供了免费的在线英语与法语、德语、意大利语、俄语、西班牙语和葡萄牙语的互译以及法语与德语的互译服务。只要你键入要翻译的网页的网址，它就能将该网页翻译出来。依靠这种网上服务，可以获取大量的海外竞争对手的信息。除此之外，电子大使馆的网站 http：//www.embassy.org，是由华盛顿的外国大使馆所建，该网站与大约 180 个国家与地区（按字母顺序排列）使馆主页链接。通过各国的这些电子使馆，可以获取有关该国及该地区的新闻、企业名录、贸易信息、政府资源和经济统计数据等。可见，这个站点是一个不可多得的海外竞争情报源。

12. 竞争情报的专业研究站点

http：//www. scip. org 是专业的竞争情报站点。它设有讨论组、专家数据库、出版物、大事记、招聘广告、顾问论坛等栏目。http：//www. fuld. com 也是竞争情报研究的专业站点，它提供了包括专家论坛、与外部资源的链接、竞争情报的应用软件指导等。从这些专业站点，可以了解竞争情报研究的最新动态。

13. 网上获取竞争情报的检索技巧

用传统的搜索引擎去查找不常见的资料费时费力，而使用组配检索，即将目标公司的名称与一些术语，比如"合同、客户、联盟、项目、股东、合资、分销商"等进行组配之后再检索，则可以检索到许多新的公司站点，继而得到许多与该公司产品与服务有关的内容，如购买量、合同期限、产品说明书、安装地点等。简单搜索能发现竞争对手的客户或者发现该客户就是竞争对手。若要搜集网站会议上的演讲信息，可以把具体的公司名称与"会议、讲话"这些词进行组配检索，就会检索到相关的会议站点。通过分析和研究以 Power Point 展示在会议站点上的讲话稿，可以识别竞争对手的研究重点及细节，获取相关竞争情报。当然，要对所使用的搜索引擎的功能和操作非常熟悉，尤其是要了解所用的搜索引擎是否运行截词运算和逻辑运算。

★ 对于外贸业务员常用的搜索引擎 GOOGLE 的检索说明见附录。

第三节　如何收集行业发展的外贸情报

外贸新手用适当方法来寻找行业信息，并加以利用一定会为自己的业务发展提供指导性的帮助。如下通过讲解如何收集五金产品的行业情报，向你讲述收集外贸行业情况的方法。

例如，我们想查询五金产品的行情，那么首先我们要在 GOOGLE 中键入关键词"五金产品出口行情"，看看我们搜索出来的内容。

我们随机选取其中两条来阅读一下。

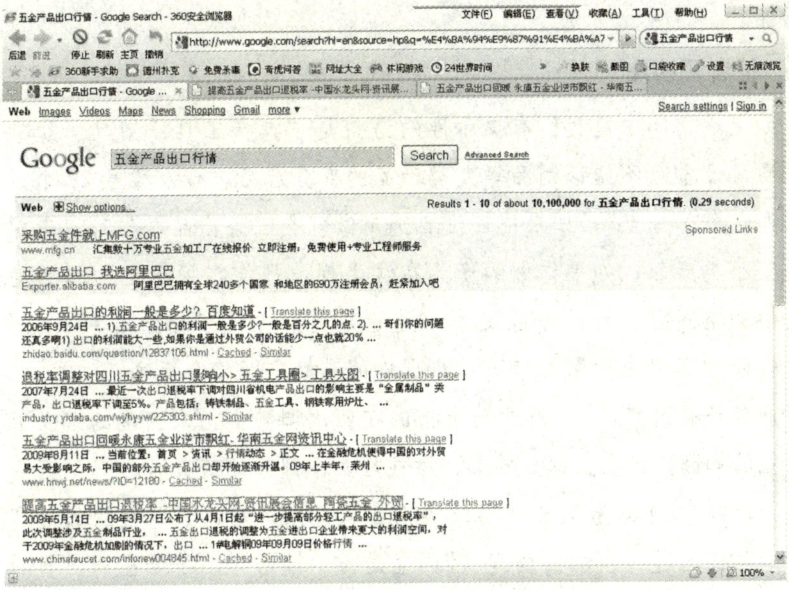

图 5-1

一条是“退税率调整对四川五金产品出口影响小”，摘录其中的一段文字如下：

“2009 年 3 月 27 日公布了从 4 月 1 日起‘进一步提高部分轻工产品的出口退税率’，此次调整涉及五金制品行业，包括工具、锁具、炊具、餐具、厨房设备及不锈钢制品等九类产品的部分产品，涉及税号 27 个，基本上回调 4 个百分点。同时协会针对行业普遍面临的金属原材料价格大幅波动、出口订单明显减少、开工率严重不足、劳动力成本上升、欧美货币贬值等诸多因素对行业出口造成的不利影响，对此前上报的在四次调整中仍未回调的涉及五金制品行业的如园艺工具、部分餐具、燃气灶具、部分建筑五金和日用五金产品等六类产品 30 个税号又再次继续提出回调诉求，对已经调整的部分产品，如拉链产品提出进一步的回调建议。

“五金出口退税的调整为五金进出口企业带来更大的利润空间，对于在 2009 年金融危机加剧的情况下，出口退税上调无疑将会给五金中小企业带来更大的发展信心，五金中小企业也多了发展的空间。出口退税的上调对五金中小企业来说是一针兴奋剂，可以带来更多的订单，产品的销量有所增加。”

笔者解读注

如上段文字中对我们有提示性的语句是“包括工具、锁具、炊具、餐具、厨房设备及不锈钢制品等九类产品的部分产品，涉及税号27个，基本上回调4个百分点”。如果你还没有选定做什么五金产品，你可以考虑做其中的某小类产品；如果你做的产品在这之列，那你在报价上的利润空间或者妥协的空间会更大，弹性更多，是不是更加方便了你给客户的报价呢？如果你能和客户维持原价格不动，那你的利润空间将会提高。

此外还有这句话，“对此前上报的在四次调整中仍未回调的涉及五金制品行业的如园艺工具、部分餐具、燃气灶具、部分建筑五金和日用五金产品等五类产品30个税号又再次继续提出回调诉求，对已经调整的部分产品如拉链产品提出进一步的回调建议”。也是提示性语句，需要注意，看看自己的产品是否被囊括在内。如果这会使你的报价提高，报价竞争力降低，那你可以先给客户吹吹风，给客户一个心理上的适应期。等到你真的降价时，客户也会比较坦然地接受。

另一条是“五金产品出口回暖，永康五金业逆市飘红”，摘录其中一段文字如下：

“全球经济危机以来，占据我国外贸半壁江山的五金机电产品已连续8个月出现出口负增长，跌幅在20%左右。据最新数据显示，这一降幅在6月开始收窄。据最新数据显示，今年6月份，越南进口机械设备和五金零配件约9.17亿美元，同比下降6.4%。其中，自中国进口最多达17.4亿美元，同比下降7%。

“在金融危机使得中国的对外贸易大受影响之际，中国的部分五金产品出口却开始逐渐升温。2009年上半年，莱州共检验出口阀门298批，货值902万美元，同比分别增长57%和58%。莱州阀门出口企业克服当前出口困境，转变工业产品增长方式，实现了阀门出口逆市增长。

“全球性的金融海啸让国内许多五金出口企业蒙受损失，但国内部分五金企业并没有放弃海外市场，反而更加大举进军国际市场。据悉，2009

年1月至6月，嘉兴市新批境外投资五金企业（机构）共计14家，境外投资总额达6 467.25万美元，比去年同期增长了68%，并创下半年度境外投资额历史最高纪录。

“虽然受国际金融危机的影响，中国五金机电产品出口受到了严重冲击，但商务部机电和科技产业司司长张骥表示，中国五金机电产品出口的比较优势仍然存在，如果应对得当，前景仍十分广阔。”

笔者解读注

首先在上文中提到了一些数字和数据，这为我们回复客户邮件提供了有利的佐证，而且这些数据通常是由国家相关部门或者专业的咨询公司统计发布，具有一定的权威性。假如客户说你现在的报价比以前或者比别人高了一些，那如上的数字论据就可以用于说明导致了产品价格增长的原因，把客户逐渐引入你的讨论中来，参与讨论，从而谋求双方都同意的“契合点”。

另外，在如上文段中还明确表示了在莱州这个地区的阀门出口出现逆市增长。这句话的关键词就是“阀门”。如果你是一家灵活的外贸企业，是否可以考虑也去蹚蹚这道“浑水”呢？

大家还可以放开思路修改自己的关键词，搜索出你需要的市场情报。比如“美国五金市场行情”、“德国五金产品进口行情”等。

第四节　从报纸、杂志、书籍获取外贸情报和走势

首先我以自己的亲身经历为例，讲述一个实例。

我的第一个老板是做丁腈手套的。一天午饭后，他像往常一样在看《财富》杂志，突然看见一则新闻，大意是现在山东×××地区冻鸡出口量猛增，已经成为全球第几大冻鸡出口地区，为该省创造大量外汇。

对一个外贸新手来说，看看也就罢了，而他却从这里看出了每年50万元的利润。

老板看到这个新闻以后，马上到网站上查询国外冻鸡生产加工的出口行业信息，在不少国外公司网站的图文中，他看到整个生产流程的每个生

产车间操作的工人都带着食品级的丁腈手套。山东那边也是做冻鸡出口的，生产加工环节肯定也需要这种手套，他立即抓住了这个商机，马上查询了上述做冷冻食品企业的联系方式，通过联系得知他们在生产过程中都使用这种手套，手套是通过代理商购买的，价格很贵，不久他就以优惠的价格与不少该类企业谈成了交易。

大家感觉有启发没有？对我启发太大了……

案例一

《东南商报》总第 2997 期 A06 版，有一篇文章的题目是《美国对我国轮胎加征惩罚性关税》，摘抄文段如下：

美国业界对此案立场并不一致，最先提出这项特保案诉状的美国钢铁工人联合会声称，中国输美轮胎数量在 2004 年到 2008 年间增加了 215%，造成 5 家美国轮胎厂关门倒闭，损害了美国轮胎工人的利益。但是，美国轮胎产业协会曾致函奥巴马，表示这一针对中国轮胎产品的特保举动将给美国经济和美国消费者带来严重损害。

在美方于 8 月初举行的听证会上，多数作证的美国业界代表认为限制进口中国轮胎将得不偿失。代表美国轮胎自由贸易联合会作证的詹姆斯·梅菲尔德说，美国的轮胎制造商已经不再生产低端轮胎产品，他们不会因此而开启新的生产线，因此不会产生新的就业岗位。相反，在轮胎销售领域将有数千名美国人因此失业。

代表通用、福特、克莱斯勒三大汽车商利益的美国汽车贸易政策委员会副总裁查尔斯·奥塞斯则表示，对中国轮胎进行制裁将抬高美国汽车成本，损害美国汽车业的竞争力。

笔者解读注

对于做轮胎产品外贸的工厂或者外贸公司的业务员，如上文段中的所有文字和数据都可以作为你跟客户沟通的直接引述材料，无须做任何修改。但是你需要在 GOOGLE 等搜索引擎中查询出如下专有名词的英文全称或简称，方便你与客户的沟通。名词如下：

美国钢铁工人联合会

美国轮胎自由贸易联合会

美国汽车贸易政策委员会

案例二

《21世纪经济报道》第1120期25版，这里有一篇文章题目是《珠三角：东莞脆弱的复苏》，摘抄文段如下：

今年1～7月，东莞市出口商品仍然以机电产品为主，累计出口额为205.82亿美元，占全市出口比重的71.6%；服装及衣着附体累计出口额为14.48亿美元，占全市出口比重的5%；鞋类累计出口额为14.31亿美元，占全市出口比重的5%；玩具累计出口额为5.61亿美元，占全市出口比重的2%；塑料制品、旅行用品及箱包的出口额也分别占据一定的比率。

东莞市玩具行业协会秘书长陈祥佑表示，据他了解，目前东莞玩具企业的订单有大幅增长。而黄埔海关的官方数据则表明，东莞三大传统出口商品强项——纺织服装、鞋和玩具行业订单复苏出现在6月份。

据黄埔海关统计，上半年东莞市出口玩具4.3亿美元，比去年同期下降22.8%，单月出口额逐月呈回升趋势。6月份，东莞市出口玩具0.93亿美元，同比下降18.8%，环比上升23.3%，是上半年单月出口最高的月份。

笔者解读注

1. 首先通过阅读如上文段，我们可以了解东莞市的出口支柱产业的近期状况，通过出口额的数据可以予以分析。

2. 对于外贸业务新手，如果在上述地区工作，为了入手比较快，可以考虑选择该地区支柱产业的产品来做。当然也可以反其道而行之，选择生僻产品来做，但这样最好要有老业务员带，会轻松些。

3. 另外如上说玩具产品的出口额在6月份有较大回升，那么可以考虑看看玩具同行现在都在做什么产品，自己也可以随行情而变。

本章小结

情报历来在战争中扮演着重要角色。战争总是首先围绕着情报的争夺而拉开序幕，敌我双方都尽可能地搜集战争中可能面临的一切影响因素。第二次世界大战是人类历史上规模最大的一次战争，也是参战各国情报斗争空前激烈的时期。在第二次世界大战前期，轴心国之一的日本曾经利用其出色的情报工作，在亚洲大陆战场和太平洋战场上取得一系列重大胜利。但是到了第二次世界大战中后期，日本的情报工作接连出现失误：无论在战略形势的分析上，敌情的判断上，还是保密工作上都存在诸多失误。这些失误对于一系列战役战斗甚至整个第二次世界大战的战争进程都产生了重要影响。

外贸中情报工作的重要性亦是如此，其会极大地影响订单成交的效率、公司外贸销售额的大小乃至外贸走势的兴衰。请各位外贸同仁务必引起重视。

第六章
与潜在客户的前期联系，不可小视

与潜在客户的前期联系就像冬天开车前必须先发动车子，将车子先预热一下的道理一样。心急吃不了热豆腐，很多客户都是慢热型，所以需要有个“预热”的过程。

第一节　客户邮件地址的优先级探讨

除了客户名片上或特意留给我们的电子邮箱外，通常我们在客户的公司主页上，看到的并不是客户的私人邮件地址，而是一个公共邮箱。在客户那边应该有专门的客服人员负责将这些邮件转发到不同部门的不同人的私人邮箱里。如果对方觉得有必要，他会回复你，这样你就得到了你的目标客户的私人邮件地址，从而可以建立联系。

可是有时候我们打开客户主页上的CONTACT或者CONTACT US会发现里面有多个邮件地址，那么我们该给哪个邮件地址发信呢?

是笼统地群发，还是发其中的某个？首先有必要声明一点，千万不要群发邮件，这样客户的邮件系统或者客服人员会直接判定你的邮件是垃圾邮件，从而把你拉入黑名单或者封了你的 IP，如果那样，以后就很难再和这个客户建立邮件往来了，而只能通过电话、展会等其他方式建立联系。

一般常见的邮件地址前缀分为如下一些类型（假设公司的主页是 www. wingintl. com）：

1. 带有人名的邮件地址：Purchasing：mike@wingintl. com

President：alex@wingintl. com

VP：henry@wingintl. com

Sales：Anggie@wingintl. com

……

2. purchasing@wingintl. com

3. marketing@wingintl. com

4. Sales@wingintl. com

5. info@wingintl. com

6. customerservice@wingintl. com 或者 service@wingintl. com

7. support@wingintl. com

当你搜索到客户联系方式的页面，发现里面有很多邮件地址的时候，请按照如上顺序的优先级来给客户发送第一封邮件，注意不是每个信箱都要发。比如有具体联系人的时候，找到里面负责采购的那个人的邮件地址，发信过去就可以了，这个时候不需要给里面的每个人都发；如果没有具体联系人，看看是不是有采购部，有就先发采购部；如果还是没有就以此类推。

第二节　给客户的第一封推销信

有的外贸业务员说给客户的第一封推销信还是详细些好，最好还能贴上所做的产品图片。我在刚做外贸的时候也是抱着试一试的心态，因为我的产品类型比较多，就用 Powerpoint 做了一个幻灯片，给客户的推销信内容也很复杂，介绍公司细节、位于什么地方、做什么产品、产品类别、价格优势等，洋洋洒洒四五百字。邮件容量很大，通常在 2M 以上，结果效果非常不好，收到客户回复甚少而且因为邮件的大小过大经常被退信。

后来又听到有的业务员说要简短，不然客户的邮件服务器会自动把你的邮件划归为垃圾邮件，自动删除，而且你的邮箱地址还会被阻拦。于是又用精练措辞和语言写了一封推销信，退回的情况是有所缓解，但是客户的回复率依然不高。

当时我也没有什么特别好的方法，就这样日复一日地发着推销信。随着经验的增长和积累，时间的推移，我总结出一个道理：发信、措辞也是一门艺术，同一个邮址有可能我发有客户回复，而你发就没有。有一点是绝对忌讳冗长的邮件。通过不断的经验积累以后，慢慢地你会发现你自己发的信越来越精练，越来越专业，越来越有促使别人打开的欲望。

现在我仍然在不断改进我的第一封推销信，现附上鄙人的拙作，供大家参考。（附：我是纯外贸人。）

Dear Sir，

Hello! We are a big company/supplier which specialized in ××× products，such as ×××，×××，××× and so on.

As a professional supplier，we provide all worldwide customers the service of made-to-order manufacturing at the competitive prices and good quality，not only copy the traditional products simply. We also own the best R&D team for collecting newest market information，so that we can help our customers to control their cost.

We hope we can build long-term，stable and good business relation with you，looking forward to your specifications for quotations.

Thanks and regards，

Henry Luo

Vice President

NINGBO FANTASTICS IMPORT & EXPORT CO.，LTD.

Address：11－5F Chinahong Centre，No. 717 Zhongxing Road，Ningbo，315000，China

Tel：+86—574—×××

Fax：+86—574—×××

E-mail：henryl@fantasticsintl. cn，fantasticsintl@gmail. com

Web：www. fantasticsintl. com

对于第一封推销信，我觉得有如下知识点是大家必须掌握和引起重视的：

一、邮件的标题

通过对客户来信邮件标题的观察，可以总结出第一封信的标题通常用COOPERATION或者用所推销产品的产品名称较为适宜，以示简单、明了。切忌采用诸如We can supply ××× products to you之类的标题。

你们还可以试一下如下所示的配件主题方式：

Re：Product Name/ABC Inc. /CDE Co.

1. Produet Name——你销售产品的名称

2. ABC Inc. ——业界国外知名大企业公司名称

3. CDE Co. ——自己公司名称

关于称呼，如果有人名，可直接称呼人名。例如客户的名字是Steve Ron，那么你在称呼时就应该说Dear Mr. Ron或者Dear Steve，喜欢写Dear Mr. Steve的业务员们，请改正，这样的称呼是错误的。当你们熟悉了以后可以采用Dear Steve或Hi Steve，但第一封邮件还是建议采用Dear Mr. Ron这样的形式。如果没有客户的名字，那你可以直接用Dear Sir或者Dear Madam来代替。

二、我的“模糊”策略

在邮件主体开始的第一句自我介绍中，对于我方性质的判定，我通常采用模棱两可的词——company（公司）或者supplier（供应商）。大家都知道客户一般都最喜欢和factory（工厂）或者manufacturer（生产商）打交道，但是如果我说我是一个company或者supplier，并不能说明我没有自己的工厂。这个是我的“模糊”策略，因为我确实不是 manufacturer 或者 factory，所以才采用这样的策略。

三、忌用“最高级表达法”的策略

介绍自己的产品和价格的时候切忌使用最好级表达，比如 the best price，the best quality。客户的一句反问就会让你变得很被动，比如客户问你：你怎么就敢保证你产品的质量是最好的？你确定你的价格是最便宜的？这个时候巧妙地使用合适的形容词就很重要了，应同样采用模糊策略，如：good、competitive、better 等。

四、慎写落款

落款的地方要写上关于自己和公司的详细内容，主要是名字、头衔、公司名称、地址、电话、传真、E-mail 和主页。通常我不建议写上 MSN、QQ 或者 Skype 等即时聊天工具的联系方式，因为就目前阶段而言，用这样的聊天工具做业务的客户不多，很多传统的客户觉得用这个做生意很不正式，这一点视具体情况而定，邮件模板上仍不建议添加。

其实每个人都能找到更适合自己的方式方法来写自己的第一封推销信。你只要开动自己的脑筋，随着时间的推移，我想一个阶段以后，你发出去的推销信的回复率肯定比最开始时相对要多很多。

第三节　如何让客户一定回复你

外贸业务员碰到最普遍的问题就是推销信发出去了，可是没有回信。本来联系得好好的客户突然就没有了音信，让人百思不得其解。

事实上，在外贸业务中，大家最头疼的就是客户不回复，这个问题在外贸业务员新手中又特别突出，但在买方市场的今天这种情况却很正常。如果我们能经常有意识地改进我们的联系方法，提高自身的专业度，能一针见血切中要害地回复客户邮件，那客户邮件的回复率想必也应该增加很多。一旦你联系的客户对你有真正的采购意图和兴趣，最直观的表现就是客户回复比较及时，通常不用你去催促，或者每天眼巴巴地守着邮箱。

当客户不回复你邮件时，也要思考一下问题所在，发现症结所在，积极采取相应措施应对。

一、思考为什么客户不回复你

有订单意向的客户只询价，不下单，这是正常的。如果他们只询一次价就下订单，并不确认付款方式、交货期以及包装等详细。这倒真是要特别慎重对待。除此之外，还需自己分析原因。

1. 公司（包括外贸业务员自己）给客户的印象如何？例如公司形象、业务员说话是否得体等。

2. 产品报价的价位如何，是否与市场行情相差甚远？

3. 邮件中外贸英语语言、句法、专业词汇的使用技巧如何，是否会产生误解或含糊不清？

4. 把自己的传真、电邮换个角度看一看，如果你是客商，你能接受吗？

二、一些需要深入思考的问题

1. 本行业出口量和前景。

2. 报价和寄样后有无请求客人对价格、质量以及其他问题给予反馈。

3. 来往邮件中尽量使语言更具专业性和针对性，让客人相信你是老手。

4. 考虑到开发新客人的周期，不要一味想着让客户给你下订单，而是应该先交朋友、交换信息，倾听客户的意见。

5. 做外贸的人越来越多，特别要注意培养服务客户的意识并经常学习，给自己充电。

（1）给买家提供最初查询您产品的回忆参考点，这有助于买家回忆起他是在什么时候，通过什么方式，对什么产品产生了什么样的兴趣或问题。因为固有的熟悉感会增强买家与你合作的兴趣与信心。

这种回忆的参考点要有时间、事件、证据等。

(2) 给买家适当的增加些许压力。这样做的目的在于促进买家回复的速度，提高他的认真程度，迫使买家不得不进行采购行为，如他们同行业的竞争信息。

(3) 告诉买家作为供应商你是做什么产品的，你能做到什么程度，买家凭什么完全地相信你，这就是企业介绍与实力规模的介绍。

(4)“不是我要向你索取什么，而是我能为你做什么”，切记这一服务理念。

(5) 记住：用言语吸引买家回复你的回复。

1）我可以再寄样本给您，如果您回复我；

2）我可以向您介绍您的同行采购的那种产品，如果您回复我；

3）我可以为您做些特别的样品，如果您回复我；

4）如果您想知道 1 500 种样品如何，我可以向您介绍，如果您回复我；

5）如果您想要样品，请回复我；

6）期待尽快收到您的回复。

三、特别注意事项

具体需要我们外贸业务员注意的事项有如下几方面：

1. 邮件标题最好是客户求购的产品名称或者 cooperation 等词汇，而不要加其他任何多余的修辞语言或语句，这样，客户打开你邮件的可能性一般可达到 100%。

2. 开头语简洁可以证明你是专业而老练的商人，可立即拉近与客户的距离，而对商人来说过多的寒暄实在是多余的。

不少人喜欢一开始就说从何得知该客户的，我的建议是，一般情况下最好不要提，客户在哪里发布过求购信息，参加过哪些展会，客户自己知道，大可不必说，说了只会让邮件显得冗长，但是如果有你和该客户的合影，倒是可以放在附件中一同发过去，让客户回想起你是谁。

3. 开头语切忌过多介绍自己，因为会给人一种推销的感觉，给人的第一印象不好，事实上，没有几个客户会有耐心来阅读你的长篇介绍，不主动过多介绍自己反而会给客户一种很自信、很专业的印象，这种印象对你来说是非常重要的。那么，“过多”的标准是什么呢？我们认为，介绍性语言超过两句即是“过多”!

4. 简洁开头后，你必须立即进入正文，即报价，因为客户最关心的无非是产品规格与价格而已，你如不能提供给客户想要的东西，客户大可不必回你的信。在客户提供了采购信息后，立即进入报价，证明你是专业做这行的，是有诚意、实实在在想做生意的，大家的时间都很宝贵，都不想浪费时间，特别是欧美商人更是如此。有时候客户没有及时地回复你，并不代表客户没有兴趣。你可以试着想象一下，客户收到推销信时是早晨，他肯定是有其他稳定的业务和更重要的事情需要先处理，你给他的邮件只是一个新鲜事物，新的供应商放在那里，是否需要及时处理呢？我想没有手头现有的事情更加急迫吧。人做事情都是分轻重缓急的，你可以站在客户的立场上考虑一下。就像你每天打开电邮，肯定是先处理老客户的询盘，交涉相关问题，然后才会处理其他新客户的询盘。同样也会因为工作和生活当中的其他事情忘记了给客户回复。这样的情况在客户的身上也会发生。

有人说，客户询盘中的规格说的不全，无法报价。事实上，没有哪个外商会在询盘中一次就把要求说完。你可估摸着试探性报价，报错了没关系，这只是证明你是专业的。如所报的规格与客户所要的不符，客户一般会很快回复你并详细告诉你他所需产品的具体要求，有人总喜欢第一次联系客户时就问东问西，有些国家的客户（如印度、韩国）可能会耐心回复你，但对大多数欧美客商（如美国）来说，他们一般是不会回复该类邮件的。或者你可以根据目标客户所在国家和地区做一个试探性的报价，即根据自己对该块市场的熟悉程度和行情，取热销产品的价格并附上产品明细报给客户供参考。

5. 所有报价必须是实价，必须与现有的市场行情相吻合，价太低，客户知道你不是做该行的，不会理你；价太高会吓跑客户，客户也不会回复你。所以，切勿乱报价，应了解清楚、多比较后再报，对新产品、对外贸新手来说这点尤其重要。

6. 第一次联系客户时，除非客户在询盘中提出，否则，最好不要主动附上图片，以免被删或被国外反垃圾邮件软件拦截。

7. 当你和客户失去联系时，你是否能再次找到你们上次谈话的“记忆点”，注意这个“记忆点”不是指你们最后一次往来邮件的内容，而是能引起客户再次关注的焦点问题，同时对恢复联系找到行之有效的对策。

8. 你是否已将你和客户之间往来的邮件反复阅读，发现其中存在的问题？是否有什么地方说得太多，过于冗长？有没有什么地方分析得不够透彻，客户不明白？报价是不是超出了客户的心理承受范围？付款方式是否可以更加灵活一些？等等。详尽分析这些邮件以后，我想你可以找到更好的和这个客户联系的方式。所谓温故而知新。

我相信稍微有些经验的外贸业务员都遇到过这样的情况，从搜索引擎上搜出来的客户，有些是常见的客户，但是你给他发的推销信却没有任何回复。这些不错的资源没有转化为自己的最终客户，十分可惜。这主要是因为，这些客户在搜索出来的页面的前几页，被同行竞争者搜到的机会很大，机会是平等的，你在给他发信时，其他人也在做同样的工作，这么多推销信到了客户那边，他肯定是有选择性地阅读。他选择和谁继续谈下去，就看你打动客户的功力了。客户一般除了选择自己稳定的供应商的来信外，其他新的供应商的推销信，都会作为垃圾邮件删除，少量客户会把这些信息保存下来，以便日后使用。

我也没有什么非常行之有效的方法来100%解决这个问题，但是对于完全没有给我过回复，而他做的产品又恰恰是我正在生产或者正在推销的产品的客户，我一般是一个半月给客户发一次推销信，保持免费更新一些有用的产品信息、市场行情等信息给客户，一般能坚持五个月左右，客户通常都能被我打动，既而给我第一封回复。打破僵局后，我会和客户展开接下来的具体商谈。

客户也是一样的，只要你始终坚持无微不至的服务理念，不要一开口就是“怎么没有收到你的回复啊，你有没有收到我的回复啊”等一些空泛的话，持续提供热情服务，迟早他会被你打动的。

总之，你联系客户的目的无非是争取能最终成交，为了实现它，你起码要保证良好的供应商后盾、适当的出口报价、对自己有利的付款方式这三个方面，直接洽谈这三个最重要的问题，不仅外商喜欢，也必能大大缩短成交的进程，大家何乐而不为呢?

上面的论述，看似是一些空泛的大道理，只有你真正在工作中长期去履行，去实践，才会有成效。

第四节　如何做好产品的合理报价

一、成本是产品定价的重要依据之一

一般来说，价格应尽量反映成本因素，成本高，产品价格也相应高，否则企业的利润会大受影响。但在激烈的市场竞争中，在买方市场氛围下，不应使产品成本过分地影响定价。例如，由于各种原因造成产品成本较高，就将产品定位在较高的价格上，这样做往往会适得其反，导致利润大缩水。道理很简单，产品定价高了，销售量会减少。所以，降低产品成本永远是企业管理者和外贸业务员必须重视的问题。只有想办法将成本降下来，使产品的成本与价格合理对接，才能获得满意的利润。

二、产品的价值、质量与合理价格对接

产品的价值和质量是影响产品定价最重要的因素。产品的价值和质量是顾客（消费者）最为关心、最为敏感的问题。所谓“物有所值”就是说，好货可以卖出好价钱。即使在买方市场的条件下，好货都应处于一个合理的价格范围内，“是金子总会发光”。要知道，客观上确有这么一个顾客群，他们坚信，“人不识货，钱识货”。对于廉价货，他们投以怀疑的目光，情愿购买“物有所值”的好产品，即使价格高一些也无妨。这必然会促使厂商不断提高其产品的含金量和质量，不仅可以使自己产品的定价与其价值和质量有更为理想的对接，而且可以提高企业的信誉和整体形象。

三、几种定价法

（一）逆向思维定价

逆向思维定价：根据市场的变化灵活定价。如果市场发生变化，应采取灵活的应变定价策略。例如，当市场大刮降价风潮时，你可以顺势而为，作出降价的决策，但也可以泰然处之，打顾客的心理战——不降价。当市场刮起涨价风时，你也可以不顺势而为，反而采用逆向思维——不提价。同时，争取量的增加，并能给顾客一种“货真价实”的感觉。

（二）薄利多销，让利于顾客：1%的提价策略

这种定价法是许多人都知道和广泛被采用的，个体经营者对其尤为重视。浙江温州的一些民营、个体厂商，他们称此法为“一分钱利润法”。就是说，只要有1%的单价利润，就应感到满意，切忌“贪婪”。事实上，此法充分体现了“价增量减，价跌量增”的道理。一分钱的利润看起来微不足道，但是价跌（价廉）会促使销量大增，从而导致总利润的大大增加。所以有人提出，企业经营管理者应树立“1%”的提价意识。就是说，采用小幅涨价的策略，因为小幅涨价具有极好的“隐蔽性”。例如，将产品价格上浮1%，许多顾客不会在意，特别对于低价位（单位在几元以内）的产品。当你调高1%时，一般顾客不会有承受不了的感觉，而你的总利润却大大增加了。只要总利润有1%～5%就应感到满意，过分的“贪婪”会适得其反。

（三）坚持“物以稀为贵”的定价思维

对于某些稀缺类产品，即使成本并不太高，价值和质量也属于一般，但由于市场难觅此品，你就可以顺水推舟，将其价位高高挂起，等有需要者购买。这类产品，有些顾客愿意出高价购买，所谓“需者不贵”。从中，你可以获取高额利润。现在正在发生的甲型H1N1流感，就给医疗产品企业和外贸公司带来了这样的商机。

（四）按照超值服务的思维定价

把顾客视为“上帝”，无非是想赢得更多的顾客群。要做到这一点，

除了你的产品的价格和质量等因素外，提供超值服务也很重要。提供超值服务的方法有多种，如产品实行三包、送货上门、终身保修等。由于你坚持提供超值服务，就可以将产品的价格定得稍微高一些（实际上，可认为是超值服务的附加费）。在外贸上的超值服务主要体现在客户收到你的产品以后，你对客户继续销售该产品，保证该产品质量情况的跟踪，了解客户对该产品的快速反应。

（五）坚持品牌战略定价

品牌产品是市场公认的好货。既然是好货，自然物有所值，其定价都比较高，这无疑会给企业带来巨大的利润。因此，你必须想办法去打造自己的品牌。如果暂时还没有自己的品牌，则可以考虑先引进品牌（获特许经销权的商家），借这些品牌来促销你的非品牌货。例如，甲、乙两家商店都经营同一产品，定价也相同，但甲店引进了品牌（获特许经销权的商家）产品，结果，甲店非品牌货的销售量要比乙店大得多。这是品牌货带动促销的结果，可以说也是一种间接的品牌效应。因为你拥有品牌，顾客往往更相信你的产品，更乐意购买。

在外贸中，如果客户不需要做定牌加工，只是中性包装，我通常会在征得客户同意的情况下印刷上我司自己的 LOGO（商标），提高公司和产品的知名度。

（六）巧用“歧视定价”法

所谓“歧视定价”，是指公司可以针对不同顾客，采用不同的价格以获得最大的利润。例如，某公司生产各种款式的丝绸围巾而打上不同的商标，虽然它们的成本和质量几乎相同，但由于商标（牌子）不同，即使在同一个经销商手里，也可以卖出完全不同的价钱，这就是“歧视定价”。采用“歧视定价”的厂商可以对那些非常愿意购买某一牌子的顾客索取比任何“单一价格”都高的价格。采取“歧视定价”策略，厂商还可以获得另一部分只愿意出低价的顾客。外贸中这点体现得更是一览无余，比如欧美客户的价格就明显比中东、印度客户的价格要高很多。

最后应指出的是，产品定价是一个动态过程，应根据不同情况采取不同的定价策略（或将若干策略综合应用）。产品的价和量（销量）是一对矛盾体，在一定的条件下，通常会“价增量减，价跌量增”，而量和价对总利润的贡献又是同样重要的。

看到这里相信大家对于产品的报价，心里应该有数了吧？

其实产品的报价完全在于你个人，主要在于控制利润的多少。有的人喜欢报高价，即只拓展高端的客户群；有的人为了争取客户数量的最大化，可能亏本也要做。所以说报价是个很简单的事情，可以说有它随性的一面；但是要定出一个合理的报价，适应市场的行情，客户能欣然接受，是需要花费一番工夫的。

我还记得有位外贸同仁说，他/她是做服装产品出口的，虽然客户的询价资料比较详细，有具体的尺寸、材料、图片，但是对于打样和报价，信息仍然显得不够充分，这个时候往往无法报价，随着时间的推移，事情就这样搁置下来，客户也失去了兴趣。

我做的产品也碰到过这样的情况。通常我是这样处理的，首先详细罗列你的疑问给客户听，按一、二、三条具体列出来，显示你思维的条理性和逻辑性，其间专业术语的运用也是十分重要的。另外你可以就客户目前给你的信息，先报一个大概的价格，跟客户说明这个价格只是粗略的价格，因为信息不够详细。对于衣服、箱包或者需要开模具的产品，因为每个客户的要求不一样，很难仅仅凭规格/尺寸或图片打样报价。这个时候可以要求客户寄样。

之前已经给客户报了一个大概的价格，客户也可以由此大致判断你是否是个专业的供应商，价格是否公道。至之后真的打样了，如果存在少量的价格波动，一般客户都是可以接受的。这个时候客户如果真的有心和你合作，一般都会回复给你他（她）的意见。

本章小结

人无远虑，必有近忧。外贸销售工作和其他销售性质的工作一样，整天守株待兔是万万行不通的，必须主动出击，不断寻找新的优质客户，同时淘汰现有的劣质客户。优质客户如同新鲜的血液一样不断补充进来，这对于公司的发展也是大有裨益的。

在联系潜在客户的时候需要把握好联系的时间和频率。时间上来说一周内最佳的时间是周四；一天来说最佳的时间是早8～9点，下午4～5点。对新客户的联系频率不超过一周两次为宜。

世界顶级营销大师菲利普·科特勒对市场的定义是：市场是某种货物或服务的所有现实购买者和潜在购买者。需牢记“挖客户”是根本，“造客户”是飞跃。

第七章

掌握跟进客户的技巧，让你步步为“赢”

第一节　如何应对客户的回复

一、客户第一次回信的应对

当你的推销信引起客户注意时，一般客户回信的内容大致分成三种类型：空泛型、朴实型、详细型。

（一）空泛型

范例：

Dear Sir,

I need to import disposable latex gloves to distribute in Egypt. I need good offer best price only serious companies can send me there offer please.

Thanks and regards,

Musarafur Redish

绝大多数收到的 B2B 询盘都是类似这样的

回复。没有称呼，内容空洞，甚至有语法和拼写的错误，没有产品具体采购的尺寸规格，邮件的地址通常是一些免费或者常用邮箱的域名，没有大致的公司信息，客户通常来自中东和非洲，也有部分来自中美、南美、南亚地区。这样的回信，通常是垃圾邮件（当然不乏有诚意的客户）。当然对于新手可以利用这样的信件来练手，熟悉英语和商务信函的写作。这里请坚持一个原则，要做生意价格和图片都可以提供给它，但是付款方式一定要对自己相当有利，比如100%T/T IN ADVACE，或者100%L/C AT SIGHT，主要原因是这些地区商人的诚信有待考察。

如果客户是来自欧美的发达国家，那你可以回函让客户提供他们公司的名称等信息，最好有网址。就算没有也可以到GOOGLE上搜搜该公司的信息，了解相关情况。

（二）朴实型

有的邮件内容较为充实，客户语言比较朴实，如下范例：

Dear Mike，

Thanks for your mail.

We're looking for potential suppliers on monthly basis for the following：

3—4×40ft-non medical powder smooth gloves

4—5×40ft-medical powder/powder free gloves

Please send me your quotes，thanks.

Sincerely，

Edward T. Wolf

Johnson &Johnson Group.

Tel：×××

Fax：×××

注意看这是第二类比较常见的回信，这就明显比第一种类型好了很多，提供了部分用于报价的有用信息。

数量：3—4×40ft

品名：GLOVES

规格类型：non medical powder smooth

有了这些信息，虽然不够全面，但你至少可以给客户报个大致的价格。等客户反馈给你，你仍然有调整价格的余地，你可以说：因为你给我提供的有效信息不够，所以现在我给你报的价格是个大概的参考价格，你最好告诉我你所需要的产品的长度、单个重量，是工业级还是医疗级，它们分别各有多少数量等，以便我提供详细精确的报价。

同时，若这次客户信息里有了公司名称，甚至网址等信息，你也多了一些了解客户的机会。

（三）详细型

范例：

Dear Mike,

Hi,

We are looking urgently need to buy surgical glove. Per month one container of latex. Examination hand glove who can offer good price and good quality. The size is 10 inch and 20 inch，color is grey only.

Contact us.

Regards,

Ana Thomas

VP international

3M medical Corp.

Tel：×××

Fax：×××

Web：www. 3m. com

可以明显看到和上面的两种类型相比较，这次客户的采购意图明确，语言简单且重点突出，没有一句废话。需要的产品描述和数量都很清楚。有的客户还会附上产品图片，客户的联系方式也很翔实。

这样的客户是最值得我们注意和跟进的。

当然有的客户是“挤牙膏型”的，希望被别人赶着走，问一点说一点，这就要边做边揣摩了。

回复上述客户，都要就事说事，不要东拉西扯。回答客户的问题，列出一、二、三，这会让客户感觉你说话很有条理，当然你也可以主动提出你的问题。

收到客户的第一封回信之后，对该邮件进行准确的判读，对于以后的工作跟进、时间精力的花费都有指导性的作用。

二、如何面对客户的不回复

至于客户对你第一封邮件的不回复我不得不说：

如果这个客户回复你的第一封邮件，那么90％是靠运气，10％是靠你的专业程度。但是这里还有一个前提条件，就是作为外贸业务员，你自己的工作是否做到位了。如果你到位了，那我想，订单＝90％辛勤工作和良好的方式方法 ＋ 10％运气。

大家可以试着想象一下，毕竟这样唐突地发一封信过去，作为业务比较繁忙的一个公司，你的信要让他们阅读或者分拣到相应的部分或人的邮箱里需要一些时间和机会，到了这些人的邮箱他们看不看，这又难说。另外他看了是否有兴趣？是否他当前的供应商出问题了，需要更换？是否他的销售规模扩大了，要增加供应商数量？这些你都不得而知。你只能尽量做足自己这一边的工作，提高自己的专业性和工作的细致性，用那句广告词描述就是：没有最好，只有更好！

在给客户报价以后，通常就会寄样，有时候客户就在这个环节失去联系了。我们作为出口商就会十分着急。之前的工作没有出现任何问题，为什么客户就这样失去联系了呢？前面的章节我分析过，原因是复杂的。但是我们可以试想一下，客户如果没有采购需求会花费大量的时间和你讨论价格和要求寄样吗？我想是不会的。就像没有到做饭时间，你会有事没事地跑到菜场去问某某菜多少钱一斤一样，估计也只有吃饱了撑得慌的人才去干。

这个时候我会给客户一点时间和空间，让他处理一下他那边的事情，我在这边做什么呢？反复地阅读以前和客户来往的邮件和传真，琢磨客户的采购意图、动机、意向，如果过了一个星期，仍然没有客户的回音，我一般会发一封询问信，询问客户那边业务的跟进情况。如果是美国客户，晚上11点左右我会查看一次邮箱，看看是否客户已经回复。如果没有我会打个电话沟通一下，有的时候打个电话能起到至关重要的作用。此时我不会心疼自己的银子。跟客户电话沟通以后，我会要求客户再给我发一封邮件陈述刚才的内容，以便自己存档，当然给客户说就是为了记录我和他的交流过程，以便能提供专业的服务。

当然，样品寄出之后等待回音的过程是比较痛苦的。有些客户在没有得到样品前，天天催着要样品。等收到样品后，又会有很长一段时间不会理你。这里大致用四种情况来说明客户为什么不回复你。

1. 和我们打交道的是贸易商，不是最终的采购客户。这样的情况是非常常见的。贸易商要把样品转寄提供给最终客户，来给他们试用或者展览。他没有理你，是因为他也在等待客户的回复。遇到这种情况，由于双方有着共同的利益，所以，可以多抱有一些希望。另外不妨适时催催他，定期打上一个电话，这也不会引起对方反感。

2. 可能是客户收到样品感到不满意。如果是这样的话，我会向客户了解情况，尽快改进自己的产品或者安排其他样品。

3. 由于初次打交道，客户往往会把样品拿去检测。比如说纺织品，他会检查成分。如果是电器的话，就要求进行相关的认证。这往往需要一定的过程，遇到这类情况就不妨等一下。也有可能是客户对寄过去的样品满意，但不满意相关的交易条件，这就需要双方进一步沟通。

4. 当然不能排除有些客户可能只是收集样品。他实际上已经找到了更好的替代品，或者把你的样品放到他们的数据库里面，作为资料整理而没有其他的意思。有些可能还会找些借口应付你，遇到这种情况就不要抱有什么希望了。

如上这些分析仅供参考，大家不能局限到这些条条框框里面去，更不能用自己的情况去生搬硬套上面的举例情况，需要细致分析你与自己联系的客户的往来邮件、客户的背景情况，做出相应的判断和行动。

三、回复客户的笼统提问

在保证客户真实性的前提下，交易中存在很多如下的情况。

我们发推销信过去，客户的回复相当笼统，绝大多数开口就要你的产品报价单（PRICE LISTS）、产品目录（CATALOG）和样品（SAMPLES），如下是一个范例：

Dear Jack，

Thank you for your E-mail. We would like some samples of your product line，1 or 2 of each product would help us to determine if they would be appropriate our customers. Please forward those samples to：

Homran Trading Corp.

Behid Shaba Hotel，Medical Area

P. O. Box 3738 Sana'a，Republic of Yemen

Attn：Mike Reibe

President

我们可以看到这里没有产品的具体规格尺寸、数量、图片，以及任何值得你报价的信息。

原来我通常会用如下两种方式处理，但是效果不好，客户也没有下文了。

1. 为了准备报价和下一步，向客户询问详细的资料。You see，the scope of our product is very wide，please let me know your specific requirements for quotations and next steps.

2. 发我们的产品目录让客户选择，然后报价。Hereby please check my attached catalog，and let me know which products you are interested in，then we will provide you our accurate quotations quickly.

为什么这样的回复看似通情达理，但是很多客户（少数热情的除外）的反应却并不积极，或者根本没有下文了？仔细想想很简单：客户抛了一个皮球给你，你什么都没有做，又抛回给了客户。一个回合下来，客户希望达到的目的或者愿望没有实现。你认为客户还会有兴趣吗？

你发一封推销信给客户，除非客户非常明确他需要什么产品，不然你的信息对他而言是非常庞杂的，他是处于一种盲目混淆的状态，这时候就需要别人来引导他。他当然清楚你的产品有各种规格尺寸，不同的花色等。但是，你需要主动向他推荐。

所以我现在的回复都是这样的：首先我会查看客户的网站，然后把客户产品列表中我能做的产品在Excel里列一个详细的清单，包括产品名称、规格尺寸、包装信息等，不明的地方空出来。根据具体情况看是否报个大致价格，并就不明白的地方以专业的言语发问。

这样做你的专业性自然就体现出来了。客户的询问得到了满意的回复，而不是简单地把皮球抛回给客户，这样做效果还是不错的，同时，也引起了客户进一步深入的兴趣。

如下是一个朋友发的邮件，她找到了一个美国同行的厂商，发了封开发信给他，结果他给了如下回复：

Dear ×××,

ABC Pump received the E-mail below and would be very interested in obtaining quotation for Stainless Steel Booster pumps less motor as shown on your website for USA Market. Samples and pricing with minimum quantities will be required to proceed. Please advise if interested in establishing business relationship.

We are a pump manufacturer in USA.

www. amtpump. com

Regards,

Keith Bearde

President

American Machine and Tool Co. Inc

AMT Pump

朋友的回复如下：

Dear Mr. Keith Bearde,

I am Myronce Yi from ××× Pump Co., Ltd, how do you do?

Thanks for your great suggestion! I am glad to hear from you that you are interested in our stainless steel booster pump for USA market!

You had visited our website and you must know our company is specialized in centrifugal pump for more than 15 yeas! The outstand advantage of our pump is very competitive price at well quality! Our pump are widely applied to water supply or boosting, air conditioning system or cooling system, industrial cleaning or washing system, water treatment system of water purification system, aquiculture or fertilizing, environmental protection application and other industrial or domestic applications.

Concerning the samples, we do not send our sample to our customer for free because the pump is worthy. There are a lot of our new customers asking for free samples for testing. If we satisfy their requirement that will be a great finance press to us! You are great appreciated to consider our situation! Usually, our minimum order is 5 units. But we know you are a sincere friend, we can accept lower minimum order for you to test the our pumps if you need!

Our stainless steel vertical multistage centrifugal pump (CDLF series) and stainless steel horizontal multistage centrifugal pump (CHL series and CHDF) price lists are in the attachment file, please check them!

If you need more information about our company or pumps, please do not hesitate to let me know!

Best regards,

×××

这个朋友给这个客户回邮件后一个星期，也没收到客户的任何回复。

如下是我的建议：

1. 你写的邮件句型太复杂；

2. 我认为如下内容是空话、套话，完全没有任何必要，特别在第二封信中，因为它是解决问题的信。

You had visited our website and you must know our company is specialized in centrifugal pump for more than 15 yeas! The outstand advantage of our pump is very competitive price at well quality! Our pump are widely applied to water supply or boosting, air conditioning system or cooling system, industrial cleaning or washing system, water treatment system of water purification system, aquiculture or fertilizing, environmental protection application and other industrial or domestic applications.

3. 如下是我的回复，仅作参考，如果有什么问题，欢迎批评指正。

Dear Keith,

Thank you so much for your quick reply, I am very glad to hear that you are interested in our products. The following is my detailed answers, please check it.

1. Yes, our products are very suitable to USA market, and we have some customers, as a professional manufacturer and exporter, we are very familiar with the requirements and approvals of us market.

2. We would like to supply few samples to you for evaluation and references according to your requirement, but you know, the value of samples are very high, so we have to ask you to pay some charges for these samples, I think you can understand this.

3. About the quotations, please check my attached files, thank you.

I look forward to your early reply and advice.

Best regards,

×××

第二节　骗子邮件的特点总结

为了提高工作效率，减少骗子邮件对外贸业务员正常工作的干扰，我们有必要掌握一眼识破骗子邮件的技能。

★ 原则：天上不会轻易掉馅饼。

经验漫谈

我在做外贸业务的过程中也遇到了不少有诈骗嫌疑的邮件，跟一两个骗子练过笔，总结了一下，骗子邮件有如下共性。

1. 询问重点不在产品本身，不关心价格（一般都接受发盘），不需要样品，第二或第三封邮件开始强调付款方式、信用、银行；

2. 这些是在骗子邮件中出现频率很高的词汇：Sir、urgent、payment terms、bank、remit、confidential、check；

3. 邮件主体通篇都用大写字母书写；

4. 使用 Yahoo、MSN、Hotmail 等邮箱发送邮件；

5. 非洲“客户”，特别是尼日利亚的客户要给予一定重视；

6. 邮件很长，让人一看就烦（这种骗子实在太笨了）。

其实这些骗子真是很笨的，骗人一点技巧都没有，只要我们知道网上有骗子客户这回事，一般都可以识别这些最低级的诈骗邮件。

如下是最常见的骗子邮件实例，供大家参考。

Hello Dear,

I know you will be surprised to receive this proposal. Actually I got your contact address from the Internet when I was making an intensive research for my investment in your country, then I decided to contact you directly. First, I must introduce myself to you. My name is Mrs Edwina Bestman, former staff of Air Afrique hostess a nationality Cote d'Ivoire in West Africa. I am a widow being that I lost my husband some years ago. My husband, late Mr David Bestman, was a serving director of the GOLD exporting board until his death. He was assassinated in September (2008) by the rebels following a political uprising.

Before his death, he had an account with a bank here in Cote d'Ivoire up to the tune of Two Million United State dollars ($2 000 000.00). Due to my bad health situation occasioned by cancer of the lungs, I wish you do me a favour to receive this fund to a safe account in your country or any safer place as the beneficiary, so that you will invest it in a good business venture like real estate and industrial production for the benefit and education of my son, and he is only 17yrs old, who will be coming to stay under your kind? Custody after the transfer for his education and future because my health is failing me. At this present, I am too weak and down and I am afraid that I might not survive my situation but God knows the best and I pray that whatever happens to me, you should take care of my son Moses for me.

I shall be going in for a surgery operations of the cancer of the lungs soon and desire this money to be transferred to you fast. I do not wish to leave this money in the bank because bankers might take advantage of my son's age who is just 17years old and too young to handle this kind of money. My late husband's relatives who should have handled this situation for me are not good type. Since my illness, they have succeeded in stealing most of my late husband's properties except this money which they do not know about and I do not want my only son to get involved with them because they are dangerous and greedy.

I will be submitting your name to the bank where my late husband deposited this money and confirm you as our family friend whom I wish this money to be transferred to. We have also mapped out 75% for ourselves, 25% for your cordial assistance. Remain bless as I look forward to hear from you with this information's as follows: for further instruction on what to do.

Full Name......

Home Address......

Occupation......

Age......

Nationality......

Fax......

Telephone......

Thanks and God bless you.

Edwina and Son.

第三节 如何有效地影响你的客户

一、掌握与客户交流的语言技巧

首先必须根据客户的邮件读懂客户的心思，然后采取有效的销售、回复措施，最关键是你得发现客户之痛，然后对症下药，达到双赢的目的，帮助他解除“痛苦”。什么是“客户之痛”？我想大家可以揣摩出来吧？

站在客户的角度思考，他为什么向你采购？你的什么地方打动了客户？是你娴熟的销售语言魅力还是客户对你的价格感兴趣？或者是你不屈不挠的服务精神（当然不是死缠乱打）？只有当某人相信你和他有相同的感受时，双方才能建立起业务或者私人关系。就像你和别人谈心，你不能了解他或她内心的感受，那你怎么能用你的语言去说服对方，告诫对方，或者安慰对方呢？

一旦你感觉客户有和你进一步深入下去的意向。你就会发现有时候客户的行为往往和他的想法相矛盾。如果你想改变他的行为模式，你就不得不主动出击了（但不要太频繁），你可以说一些引导性的话，比如：如果你不给我回复/如果我们就这样维持现状，是否能达到你采购的目的呢？不如我们都……也许你可以接受等等，大家可以自己组织语言了。

有一定外贸经验的人都应该有这样一种深刻的感受，如果你提到了客户认识的，或者行业里出名的销售商或者供应商的名称，这能迅速拉近你和客户的关系，效果尤其好。大家都应该知道，做生意都要有该行业的圈子，这说起来其实是很小的。比如上次去上海出差见客户，他就认识我原来公司的经理 SAMMY，聊的时候聊到了 SAMMY，客户的话匣子一下就打开了，这样交流效果自然很不错。

和朋友交流外贸经验时，他们给了我一句始终很受用的话：“我们不仅仅是帮助客户卖出更多的货物和占领更大的市场，更关键的是我们还为每一个客户提供专业的免费咨询服务”，每当我给新客户做这样介绍的时候，客户都很开心，一般都会很感兴趣。

比如，我能提供一份你同市场竞争者的名单。

我能提供中国供应商的名单，以及他们的优劣势（当然，你最好知道客户之前是否和这些供应商，或者他们中的一部分接触过，如果有不好的经历，这当然对你就更有利了）。

回过头来，你的目的当然是明确的，还得把客户拉回来，总不能说是帮别人做推销吧。你可以说：你看，我提供了如此专业的资料信息，你是否愿意和我们深入合作，了解我们，我想我们能……

客户看了这样的回复，一般都是心存感激的。

还有就是你的公司或者你个人帮助客户做出了一定的成绩，那对你推销产品给新客户是十分有帮助的。

比如你若在行业内有了一定的名气，可以给这个客户另外和你有愉快合作的客户的联系方式，让新客户了解你的优质服务（一般新客户是很乐意知道的），或者你帮助你的客户获得当地某个大客户的订单（当然如果你的客户是中间商），这些对于你推销产品给新客户是很有帮助的。

如下是我对一组往来邮件的实例分析。

案例分享

Subject：Inquiry about Skid Steer Loader

【客户来信 1】Hi，I'm looking to import a skid steer and possibly a backhoe line to distribute in US. what diesel engine do you offer? How much per unit?

Thank you，

Scott

【朋友回信 1】Dear Scott，

Thank you for your inquiry！

The attachment is a copy of specification and price for skid steer loader and backhoe，please kindly check on for more information. Please feel free to visit our website：

www. ××× . com. cn, check "engineering machinery" and "skid steer loader" and "backhoe" item.

And the standard engine for skid steer loaders is Chinese engine, and we can equip with Hyundai engineand the skid steer loader also can equip with EPA engine (Xinchang 490 engine), and imported Perkins engine.

If you need more detailed information or have any question, please contact us any time, we will do our best to service for you !

Looking forward to your kindly reply !

Best Wishes,

Flora

【客户来信 2】Dear Flora,

Thank you very much for getting back to me. Unfortunately you are priced way too high. We can purchase machines all day long here for those prices and have the local service and parts. We thought we could introduce a Chinese product to the area, but it would have had priced right for it to be widely accepted. I appreciate the opportunity to communicate with you for our needs.

Sincerely,

Scott

【朋友回信 2】Dear Scott,

Thank you for your prompt reply !

The skid steer loader I quote to you is the EX-work price, as you know, high price based on high quality and low price usual have worse quality, we always commend the best machine to our client, in that case, both our client and us are happy.

If you have any other question, please contact us any time.

Best Wishes,

Flora

【客户来信 3】Dear Flora,

I understand your viewpoint. But unfortunately, the only way I'd have a chance to sell a product with no history in our area is almost entirely by price alone until the reputation of the manufacturer and the quality is established. Thank you again,

Scott Chiccarello

像这样类似的邮件应该怎么跟下去呢？当客户认为报价过高时，该怎么说服客户呢?

阅读了上面的信件内容，我的意见如下，供参考：

针对“朋友回信1”，我认为存在如下问题。

1. 称呼不当

通常美国人没有这么拘束，而且根据经验判断Scott是客户的名，所以我认为你可以直接称呼他的大名：Dear Scott。（参考：大多数美国人不喜欢用先生、夫人或小姐这类称呼，他们认为这类称呼过于郑重了。美国男女老少都喜欢别人直呼自己的名字，并把它视为亲切友好的表示。）

人们初次见面时，往往是连名带姓一起介绍，譬如说：“我叫玛丽·史密斯。”这时对方可以随便叫她“玛丽”或“史密斯小姐”。常见的情况是，交谈之初可能互相用姓称呼，过不了一会儿就改称名字了。

有时刚同一个美国人结识，不知如何称呼他好，你可以只称先生或女士。这时，对方会很快理解你的心理，热情地告之，“我叫詹姆斯·威尔逊，叫我詹姆斯好了”或者“别叫我史密斯夫人，叫我萨利好了”。

的确，美国人之间，不论职位、年龄，总是尽量喊对方的名字，以缩短相互间的距离。美国有家刊物曾专门就称呼问题在150种行业中做过调查，结果发现他们交往之中85%的人称呼他人时只喊名字。

美国人很少用正式的头衔来称呼别人。正式的头衔一般只用于法官、高级政府官员、军官、医生、教授和高级宗教人士等。例如：哈利法官、史密斯参议员、克拉克将军、布朗医生、格林教授、怀特主教等。值得注意的是，美国人从来不用行政职务如局长、经理、校长等头衔称呼别人。

★ 注：德国人喜欢加头衔，比如Mr，Manager等。

2. 语气欠随和

你语气可以随和一些，就像和一个普通的好朋友聊天一样，这样你的语句会比较有亲和力，不会让客户对你的过分谦卑产生怀疑，老外的公平观念是很强烈的。

3. 语句使用不够简练

语句的使用，比如你说："The attachment is a copy of specification and price for skid steer loader and backhoe，please kindly check on."我会说：Please check my attached pricelist including specifications."这样我感觉简练些。

如下是我的一些建议仅供参考：

We bought more than 2 000 different articles each season，at the moment we needed to buy，want that they send its better products to us like reference. This form we will be able to know the quality of its products，and we will do our order of purchase to them in a pair of weeks，in addition is very important its list of prices，we soon waited for a good reception and its answer.

如果你们产品的货值比较低，那你可以这样说：

1. Firstly we want to send you our catalogue for reference，then you can understand more details about the size，item，specifications.

2. We would like to free supply some samples to you for confirmation，please let me know your DHL account No. or others，thank you. As soon as we got your confirmation，I think we can start our first order right away.

如果产品的货值比较高，你就算一下成本和运费，让客户打款给你。

3. 建议你最好随样品附上产品的质量报告或者检测报告。

4. 报价单用 Excel 做，这样会更清晰明了。如果产品类别很多，没有办法都给客户报，你前面不是给客户电子目录了吗，你可以让客户挑他感兴趣的，然后再报价。

二、灵活应对客户的压价

首先我支持的一种观点就是不要轻易降价，一定要让客户觉得他争取来的折扣（discount）是非常不容易的。因为你一旦给客户很多的折扣或者降价的理由以后，那这个势头会一直持续下去。

通常外贸业务员会收到客户降价要求的回复，有时候甚至是在已经合作了一次以后。

这时我一般会做以下工作：

1. 审视现在给客户的价格是否符合当前的价格规律。一般我会大量地向工厂询价，看看我报的价格与市场行情的契合度大小。

2. 审视客户要求降价的时间点和幅度。一般在寄样以前，我都会要求客户先确认我的价格，如果客户不确认，那我也不会寄样。因为有不少客户寄样以后会再要求降价，这样主动权又到客户手里了，后续工作的进行就会比较被动了。

举例，在目前市场的原材料价格不断上涨，人民币汇率波动很大的情况下，我常用的应对策略是这样的：

1. 在考察我的报价和市场行情的契合程度以后，我一般会做出适当的报价调整。如果给客户降价，切记：幅度要小，要慢，要让客户感觉到你是经过痛苦地挣扎和争取才为他得到了这点折扣。

2. 在回复中出现一些关键性的数字论据。比如：人民币汇率从最初报价×××到×××，原材料价格从×××到×××，可见我们的 cost（成本）增加了×××%，你可以在 www.×××.com 上查到相关的一些信息，同时也可以向你的其他供应商了解相关的情况等。只有你论据做充分了，才能让别人信服你。

3. 不要让客户感觉你一直在维护自己的利益。比如：我的一个新客户，从报价到他下单，大概经历了 6 个月，人民币汇率升了 1.7%，几个月前原材料价格还上涨了 0.76%，只是最近才降了 0.8%，如果跟客户保持原来的价格，客户也能看到你是在维护他的利益。

当然上面只是个例子，你可以用其他论据说明你是站在客户的角度思考问题的。

案例分享

客户来信：假设客户是美国的牙刷进口商

Dear Henry,

We got your quotations. I am sorry to tell you that your prices are higher than other Chinese supplier, and we also compared your samples with others, they are the same. Please give us your revised prices so that we can start the next step.

Thank you,

Alex

我方回复:

Dear Alex,

Thanks for your early reply.

Yes, our quotations are little higher than other Chinese suppliers. But I thought we have some good advantages which they don't own it. The following are the details.

1. Most of Chinese toothbrush suppliers were not approved by FDA, they don't have Device Listing Numbers for their toothbrush. It is very difficult to make the clearance of US custom when the cargos arrived US seaport. But, we got the approval.

2. At the same time, we own our molding factory, we can adjust the style of toothbrush right away according to our customer's urgent requirements, such as, now the prison toothbrush is very hot, we can make it right now.

3. We own a very big material stock, even if the cost of plastic material is rising, we can hold our cost yet. So we can make a locked price with our each customer for one year.

So, you see, in order to maintain our advantages, we have to invest more money into these cases, that is why our cost is higher than other Chinese supplier. I think you can understand that.

Looking forward to your advice.

Thank you,

Henry

笔者解读注

在给客户的报价已经在合理报价范围之内的情况下，也有可能收到上面的客户回复。

对我方回复的解析如下：

1. “欲擒故纵”，先顺水推舟，同意客户的说法，让客户心里舒服，人人都喜欢听顺耳的话：“Yes，our quotations are little higher than other Chinese suppliers.”然后话锋一转，引入我方的引述，注意这里只是叙述，不是坚持我方的什么观点，只是想展示一个实际情况给客户看。

2. 通过自己对该产品的专业了解说明该产品有哪些门槛，而实际上对我方公司来说这些都不是门槛。当然说这话之前，需要做深入的市场了解，以体现外贸业务员的专业度。

3. 充分将公司的优势体现出来，用这些优势证明你服务的专业性。

4. 其实客户在阅读完你如上的描述以后，对供应商的硬实力和软实力都会有更深入的了解，即 FURTHER UNDERSTANDING，而不是 MORE UNDERSTANDING，这点很重要。

所以，外贸业务员需要把学到的产品专业知识和外贸知识融会贯通，活学活用，为自己想要达到的目的服务。

三、用专业的业务知识去征服客户

先看一个例子：

【客户来信】Thank you very much for getting back to me. Unfortunately the price is too high. We can purchase machines all day long here for those prices and have the local service and parts. We thought we could introduce a Chinese product to the area，but it would have had been priced right for it to be widely accepted. I appreciate the opportunity to communicate with you for our needs.

Sincerely，

Scott

【朋友回信】Dear Scott,

Thank you for your prompt reply！

The skid steer loader I quote to you is the EX-work price, as you know, high price based on high quality and low price usually has worse quality, we always commend the best machine to our client, in that case, both our client and us are happy.

If you have any other question, please contact us any time.

Best Wishes,

Flora

【客户来信】I understand your viewpoint. But unfortunately, the only way I'd have a chance to sell a product with no history in our area is almost entirely by price alone until the reputation of the manufacturer and the quality are established. Thank you again. Scott Chiccarello

上面Flora的回复是很典型的一种回复，但是为什么他的信对客户没有什么说服力，也没有对业务的向前推进产生正面的影响？仔细的人会发现整个过程是个拉锯战。

争论的焦点是：价格。当客户说贵的时候，Flora只是说不贵。产品不贵或者贵，贵在哪里，不贵是为什么？都需要交代清楚明晰。是的，你可以找很多借口，我们的原材料比别人的好，我们投入的工序多。如果仅仅是这样，无法让客户相信你是一个专业的业务员。你看如果照我下面这样操作是否会好些（老外都是用事实/数字说话的人，索性就投其所好）。

例子：

Of course, maybe our prices are higher than other Chinese supplies, but please check the following items firstly:

A. Our materials come from... the gram weight is 30gsm, and it was made of pure cotton, not any polymer. I understand your minds, but it is subject to ×××quality, gram weight is 20gsm, and the material comes from...

B. Currently we are export these products to USA. We understand the

USA client's requirements about this products, the gram is ×××, the materials is ×××, the payment terms is ×××.

Please check my above information, and investigate these massages in your local market, then you will find that we are a professional supplier.

不要总是用一个固定模式回答问题。别人说不好，你说好，这仍然相当于没有解决问题。同样如果你只是讲道理，没有论据，同样缺乏说服力。

四、要持续联系客户

如果长时间地跟客户保持良好的关系，可以让客户感觉到更好的服务，避免竞争对手把你的客户抢跑。如果一家企业长时间地不与他的客户保持任何联系，那么它就不会知道这位客户对它的满意程度，也就没有办法针对客户的不同需求改进它的服务。

如果外贸业务员能对公司的所有客户，提供非常完善的后续服务，能够根据客户的不同期望值进行定期回访和新产品推介，那么通过公司对这些客户的回访，就能够创造出新的利润和价值，因为这些新产品、新服务最终的买家是原有的老客户群体。由此可见，外贸业务员持续对老客户提供优质服务是非常重要的。

持续的沟通，会给你带来许多意想不到的收获。沟通是信任建立的过程，即使你们的初次合作因为一些不可抗力的原因而没有成功，但是你的专业程度、认真细致的工作态度、热情友好的表现一定会给他留下深刻的印象，这也就在无形中为你们的下次合作打下了基础，只要有适合你做的产品，下次他一定会第一个想到你。

第四节 催款邮件的撰写技巧

在我们的外贸工作中，一定会碰到客户拖延货款的情况。有的情况可能是因为客户本身的素质不高，公司资信不良；有的时候可能是客户的销售策略的改变，有意拖延货款，谋求更多的现金流用于公司流转。无论是哪种情况，一旦出现这样棘手的问题，对于外贸业务员来说，都是最头疼的。

那么在催客户付款的邮件撰写方面有哪些需要注意的呢?

首先要避免空洞给客户哭穷，说我方现金流出现问题，我们已经垫付了货款来生产你的订单，现在我们的现金流也出现了漏洞，请尽快付款给我们。请仔细想一下，客户不正是用这样的方式在拖延吗?你不过是把他的老调重弹。

有的人说那我们可以强硬一些，如果你不付款，不但货物到港我们不会承担滞港费，而且我们会把你们公司的信用评级降低，以期推动客户付款。如果客户妥协那结果还算好。如果客户也是比较强硬的，那撕破脸就难免了，这对于以后的合作毫无益处。

如下就是一则非常好的催款邮件的范例：

You must realize that we cannot afford to carry this debt on our books any longer, any further delay in paying your balance due cannot be accepted. You can no longer delay payment if you wish to keep your account open. Our next step is to take legal action to collect the money due us. This is unpleasant for both of us and is damaging to your credit rating.

We must now insist that you send you payment within the next (天数) days, unless I receive your remittance, our attorney will be instructed to start proceedings to recover the debt. If we do not receive remittance within (天数) days from the above date, we will have no choice but to pursue other collection procedures.

第一，以法律法规、国际惯例的高度，坚定了自己的立场，在客户面前站稳了脚跟。通常大公司处理抱怨、投诉、召回等程序的时候，都是依法办事。这样会彰显自己公司标准化运作的形象，一切都是依法办事。只有部分企业为了眼前的订单挽留客户，那只能是委曲求全，被客户牵着鼻子走。

第二，时间节点的重要性。就像《大话西游》里面说的：如果要把这份爱加一个期限，我希望是一万年！所以这里为了引起客户足够的重视，必须加上时间这个限定条件。

在催款邮件中总体把握的原则就是和气生财，尽量不和客户闹僵。一句谚语叫“牛不喝水强按头”，这句谚语的意思是强迫别人做一件事。先不说做到这一点有多难，就是做到了这一点，也是强扭的瓜——不甜。其实，如果换一个角度或者转换一种方法，或许就可以达到目的，就可以征服不肯喝水的牛。为此，我们可以想出多种办法来让牛主动喝水：第一，牵着牛遛遛，牛在运动后，会消耗水分并出汗。在这种情况下，牛自然会喝水以补充身体内的水分。第二，在牛饲料里放点盐，盐很咸，牛体内自然会产生维持自身代谢平衡的生理反应。也就是说，牛吃草之后，自然会产生饥渴感，有了饥渴感也就有了喝水的需求。

第五节 保持良好心态

一、如何把小客户做大

结合以上章节的内容，下面用我的亲身实例说明把小客户做大是可能的。

我刚开始接触外贸业务的时候，在 ALIBABA 平台上找到了一个意大利客户。起初他只是我的一个小客户，但是通过长时间的合作，他现在已是我的一个大客户了。

这个客户十分挑剔，起初，货要的不多，出货只能是拼箱，但出货以后寄给他的正本文件除了箱单、发票、B/L 外，还要求提供完整的 ISO、CE 资料，有时还要有工厂出具的合格证，操作起来很麻烦，对抬头也有苛刻的要求。

那时，恰逢我做业务的初期，一切都很生疏，由于货代的原因，这批货迟到了 4 个月，最终经过我不断地诚恳道歉，弥补工作，这件事才算结束。

本来以为我们不会再合作，但后来客户想开拓另一个产品的市场，于是给我寄来一个样品，让我帮他找工厂，并确认了我的报价。客户收到我打的对等样品以后，说颜色不够白，产品柔软度不够……真可谓鸡蛋里挑骨头。考虑到不管如何是个整柜，我就硬着头皮处理。然后是包装袋的问题，客户要求的包装袋样品和我们国内生产的包装袋有些区别，虽然使用功能是一样的，但是国内的生产工艺和生产设备做不出和客户包装袋样品完全一样的包装袋，于是我建议客户改成我们的这种类型。同时说明这样的改变并没有影响产品的使用性能，价格也比库样便宜，客户就勉强同意了。本来以为这样就可以了，但是客户对袋子上印刷的颜色又提出了要求，于是我就一次次地打样品给他确认，几经波折，才得以出货。

紧接着我陆续出了一些20尺柜货物，不久前他说打算多要些货了，让我降价。因为我的报价已经是底线了（就是最少我要赚退税13%），所以我坚持不降价，而此时，我的其他客户资源也渐渐多起来。尽管如此，我回信的语气依然保持随和，但是也不乏“硬度”。这时，千万不要忘了说明人民币升值和原材料价格上涨的现状，以增加说服力。

出乎我意料的事情发生了，客户说我们下面做40尺柜吧，价格的事情我理解你。我想大概是他怕如果要再培养一个符合他思维和操作习惯的供应商耗费的精力太多了。

本来这个客户不大，但是慢慢培养还是能提高和这个客户合作的销售额的，不光是客户提携你的业务，你也应该有能力帮客户把他的业务做大。

在和这个客户合作的过程中，很多细节处用到了我其他章节介绍的各种技巧，这些对我最后把客户做大功不可没。

二、不卑不亢的坚持

作为一个外贸业务员能经常遇到客户拒绝你的情况——Sorry，we can not give you this order。在这种情况下，就要用上钢七连的“不抛弃、不放弃”的精神。你必须厚着脸皮，问客户被拒绝的原因是什么。当然，你绝对不能对客户的决定发表长篇大论，对他的结论指手画脚：“我这么低的价格给你，你居然不要，什么意思？我费尽心思给你打样，不知道给工厂讲了多少好话，你最后的结果居然是不要，真委屈。”

在这种情况下，我的回复一般是：Dear sir，I understand your situtation and thanks for all your efforts done for us. But could you kindly let me know the reason? Price，delivery or something else. 有的客户会很诚恳，告诉你原因，是因为预算不够、发货期不对、价格过高或者其他原因，这就是“不亢”的体现。针对不同的情况，当然也要做不同的解释。

假如是预算不高，你可以跟他讲，我们这个订单的量不是很大，金额也不高。你为这个单子也花费了不少工夫，工厂也花了不少成本和精力，是不是可以再争取一下。如果全部接受有难度，是不是可以先让我们做其中的部分产品，其他的留到×××再做。

★ 注：千万不要说“到以后”，要讲个具体的时间，不然客户会把你完全忘记，将这些信息留在邮件中，也是日后再次给客户提起这个事情的“记忆点”。

假如是发货期不对，你可以问他们预计的发货期，跟工厂再争取下提前发货。假如是价格太高，你可以问他是否可以接受类似但价格低的特价品，也可以强调产品特色，或者再次和工厂争取更低的价格，再或者你降低自己的利润。总之，不到最后一刻，千万不要放弃，即使是放弃，也还是要很客气地跟客户说再见，期待下次合作，平时也要保持与客户的联系。不要客户不给你单子，你就不再理他了。最后，想提醒大家，即使被拒绝，也不要低三下四地求别人或者辱骂别人，要不卑不亢，有理有节。采购和销售是平等的，采购不比你这个销售高贵。同样，做了采购，也不等于就是老大，可以对别人指手画脚。先学会做人，然后才能做个好商人。

第六节　客户心态探析——客户买产品就像女人逛商场

想必大家都有陪女性逛商场的经历吧？她们和男性去商场买东西不同，男性去买什么商品从选择到确定买下来，通常耗时很少就确定了购买意图并马上成交。但是通常大多数女性逛商场买商品，会不厌其烦地不断选择商品、对比价格、试穿商品等，显得犹豫不决，决策时间比较长。有很多客户的购买心态其实和女人逛商场是一样的。

那么我们应该如何去缩短这些时间，促使客户尽快下单与你合作呢?先看一下下面的例子。

在一家汽车4S店，销售员面带微笑，向客户销售他的汽车："先生，来，请里面坐。请您感受一下驾驶的快感吧。这个驾驶位舒服吧。您想象一下：在一个浪漫的仲夏的傍晚，您开着这辆车，奔驰在海滨大道上，无尽的美景扑向你的眼帘，微咸的海风吹拂着你的头发，车里是您喜欢的牛皮椅子的味道，伴着优美的音乐，喝着车载冰箱里的冰镇饮料，身边坐着您最爱的人，你们共享着生命中最美好的时光。无数的晨昏，这辆车都将陪着您，去见证您生命中每一个重要的时刻。现在正值9月，秋高气爽，何不现在就把这款爱车开回家呢?"

在这里，销售员通过语言向客户勾勒了一幅活色生香的生活场景。客户"看"到无尽的海景、"闻"到微咸的海风、牛皮椅子味，"听"到悦耳的音乐，"尝"到沁人心脾的饮料，"感觉"到爱人的心跳。五种感官因素都被加入到了销售员的促销中。它们共同向客户提供了一种难以言喻的心理体验——"愉悦感"。正是这种想象中的愉悦感抓住了客户的心，而抓住了客户的心也就等于抓住了客户的钱袋。

许多卖家应客户要求，几乎有求必应，但是客户却不记得他们的努力。假设客户要求你在三天内到货，不要只是回答"OK，没问题"，然后就去处理订单，即使这真的没问题。你应该说"我很想帮你，只是怕快递达不到您的要求，我们会尽最大努力满足您的要求"。我们必须让他们了解我们应该偶尔为最好的客户破例。如此一来，你已经让客户记住你的大恩大德。

这就是销售技巧，缩短客户作出决定的时间，**在外贸业务中给客户创造"愉悦感"，让客户记得你的"大恩大德"，心甘情愿地为你下单**。

第七节　防范由于文化差异引起的误解和错误

由于东西方的文化差异，在外贸业务中也会常常出现由文化差异导致的误解和错误，这点尤其需要引起我们外贸业务员的足够重视。

案例分享

2005 年 5 月我找到了一个美国客户，花了些时间报价、寄样，客户最终确认与我合作，终于在 8 月 15 日我收到了客户的一个试单。

生产这批货的工厂是合作多年的工厂，如期保质地完成了货物的生产并将货出运，在此之前我也做了验厂和验货的工作。顺利出货让我很高兴，我本来以为一切都很顺利，还跟客户说，不久你就会收到我的试单货物，我相信你会十分满意的，然而我的自信被客户的一封信打破了。

Dear Henry,

Yes we did receive the cargo and had a brief chance to check the products on Friday. Unfortunately, I am disappointed with our initial quality checks against our specifications. Upon our initial quality checks we have several problems that we need to address right away. I am out of the office all day today (Monday) and will be back in the office on Tuesday afternoon. We will address these problems in more details at that time.

Thank you,

Alex

后来，我又收到了客户的传真，他具体说明了问题出现在产品的尺寸和他们的样品有差异，要求我给出解释。

我当即就和工厂进行了沟通，原来客户喜欢用 X、XL 表达产品的尺寸，而工厂喜欢用 cm 表达。当时我下单给工厂的时候合同上写明是 X、XL，工厂就按照国标的大号和特大号的尺寸给客户生产产品了，而这个尺寸与客户的大号和特大号（欧标）有些区别，于是造成了这样的错误。

当天晚上我打电话给客户，诚恳地解释了产生误差的原因，我说了这是因为我们习惯使用的表达方式不同造成的，以后我们将直接复制您的样品，这样就不会有什么问题了。另外给客户立下了军令状，只要以后出任何同样的错误，我们接受赔偿要求。

Dear Henry,

Thank you for your reply regarding the shipper name on the Bill of

Lading, Invoice and Packing Slip for our upcoming shipments.

I will be talking with our freight forwarder later this week in regards to this addition.

Also, we will be reviewing the samples that you sent to us earlier and we will review the new counter samples that you are sending to us on the two products that we already ordered.

Please forward our new, lower costs that you mentioned in your earlier E-mail. We will need to compare your new costs with our current pricing from our other suppliers. Our volumes are increasing and our current suppliers are sending us new costs as well for 2009.

We look forward to receiving your new costs and samples and look forward to placing another order with you soon for our second trial.

Sincerely,

Alex

终于松了一口气了，他让我再打一次样品让他确认，看来客户还是认可了我真诚、合理的解释。后来寄样前我把每个样品都量了一遍，确认没有任何问题。

第八节　电话传真开发维护客户

其实我个人是很反感手机频繁接到房产、开票、展会推介的推销电话的，其语言千篇一律，语气永远都是何炅和马丽搭档的《幸福鞋垫》的小品里面的那种生硬的港台腔。关键是这些电话销售的内容十分空洞，根本无法激起潜在消费者的任何兴趣，徒增反感。

在外贸业务工作中，我认为电话和传真的使用，是对邮件销售方式的一种补充，在邮件销售达不到预期销售目的或者联系不上客户的情况下才会使用的，因为电话和传真比邮件来得更直观。如同有的人始终不适应电子书，始终偏爱纸媒一样。

先说传真开发维护客户，通常是在客户长时间没有回复我方邮件的情况下才会使用，格式正统，使用的是公司抬头的信笺纸。具体格式如下：

> 公司 LOGO、公司名称、地址、电话、传真、主页、电邮
>
> TO：客户公司名称　　　　　　　　　　　FM：我方公司名称
> ATTN：客户方联系人全名　　　　　　　　我方联系人全名
>
> 主 题
>
> 正文内容：……
>
> ……
>
> ……
>
> ……
>
> ……
>
> ……
>
> ……
>
> ……
>
> ……
>
> ……
>
> ……
>
> ……
>
> ……
>
> ……
>
> ……
>
> 敬语
>
> 发传真人全名（手写）
> 发传真人全名（机打）
> 我方公司全称

传真具体的内容其实是把你想阐述的问题，提纲式地从电子邮件的形式挪到 A4 纸上。在很多西方国家，通过传真的形式发广告信息是违法违

规行为，所以他们的垃圾传真较少。针对每一封传真，他们都会以比较审慎的态度来对待。那对于我们这些外贸业务员来说，就有空子可以钻了。当你联系不上客户的时候，一封有“干货”的沉甸甸的传真的效果会远远好于石沉大海的电子邮件。

再说电话开发维护客户，通常在第一次联系客户的时候，我们不建议采用电话销售的方式，因为比较唐突，客户也不一定能耐心听你说完你打算推销的内容，要知道每一个人都会分轻重缓急，优先处理手头的既定工作，那推销电话似乎就不是那么重要了。所以电话通常用于和客户联系比较紧急、急迫的事情。要知道电话的成本可远远高于电子邮件。现在的国外客户也不会每天用电话来处理跨洋贸易的每个细节。同样，对于我方来说，电话销售维护工作的重心，多半还是在你失去和客户联系的时候（注：这里排除了和老客户有紧急事态需要处理，仅指联系新客户或潜在客户的情况）。

和传真销售相同，外贸业务员最好在电话之前能够事先在草稿纸上草拟一个讲话的提纲。因为在和客户打电话的过程中，一来一去地讨论，往往容易忘记自己打算表达的观点或者打算与客户讨论交涉的问题。如果有了提纲，即使聊得天马行空，始终能收得回来，不忘初衷。

第九节　杀手篇——直接国外拜访客户与文化学习

作为外贸新手，当你熟悉了你所销售的产品并了解该产品的国外市场以后，你会发现行业内有一些知名的大公司联系起来不是那么容易。特别是针对一些市场份额很集中的国家或者地区，单纯通过电子邮件、电话、传真的推销形式，很难和客户达成有效的沟通并促成下单。下面先说一个发生在身边的实例。

2012 年，在和我们公司国内 PARTNER 的海外拓展业务经理闲聊中得知，我们这类机械产品在澳大利亚的市场很有限（当时我们还没有任何一个澳大利亚的客户），因为人口和市场容量的原因，他们国家的采购量有限，95%以上的市场份额被 2～4 个大公司给垄断了。当然国内试图销售给这个客户的供应商都知道这几家澳大利亚客户。大家都尝试通过传统方式（电子邮件、电话、传真和展会）和这些客户建立合作关系，遗憾的是都没有成功。而PARTNER这家供应商在建立初期相识的基础上，持续和客户保持联系，虽然客户还是没有下单，但客户已经感受到了这家供应商的持续曝光率。然后这家供应商在两年之内，多次飞赴客户公司，直接面对面地讨论合作的细节，孜孜不倦的态度终于打动了这家客户，他们用同样的方法还和另外一家大客户达成了合作。

在他们飞赴澳大利亚和客户面谈之前，还深入了解了澳大利亚商人的文化习惯。

“澳大利亚商人：重利重义就是慢”

• 不要以为在一起喝过酒生意就好做了，他们的想法是，招待归招待，与生意无关。

• 如果你迟到几分钟，几乎没有澳大利亚人会感到不安。

• 不喜欢听“外国”或“外国人”这一称呼，他们认为这类称呼抹杀个性。

“生意归生意喝酒归喝酒 ”

澳大利亚的人口中，90%是欧裔，他们以沉着型居多，不喜欢生活环境被扰乱。澳大利亚由于地广人稀，因而很重视办事效率。通常，澳大利亚人和约好的客人第一次见面时，简短的寒暄后，就着手进行商业谈判。谈判时，澳大利亚人派出的谈判人员一定都是具有决定权的人。因此在与澳大利亚人谈判前也应该派出具有决定权的人，否则他们便会很不乐意。同时澳大利亚人的成见比较重，所以谈判人员必须予人好的第一印象，才能使谈判顺利进行。他们极不愿意把时间浪费在不能做决定的空谈中，而且在谈判中谈及价格时，不喜欢对方报高价，然后再慢慢地减价。他们极不愿意在讨价还价上浪费时间。通常他们采购货物，大多采用招标的方式，根本不给予讨价还价的机会，所以必须以最低价格议价。

需要注意的是，不要以为在一起喝过酒生意就好做了。他们的想法是，招待归招待，与生意无关，公私分明。

所以在成本可接受的情况下，对于棘手的重要大客户，真诚地面对面交谈，成效是最直接的，效果也明显好于展会等传统方式。

第十节　展会找客户

展会对于外贸业务员来说，是目前最直接、效率最高的维护老客户、寻找新客户的方法。可是现在国内外充斥着大大小小的各种行业展会，业务员首先要能甄别这些展会的专业性，挑选对口的专业性强的展会参加，以期达到更好的参展效果。

在去参加展会之前，不得不先提一句参展前容易被参展人员忽视的重要问题，就是参展外贸业务员的仪容仪表的修饰，不要小看这一点，它对于你参展是有助力的。

比如，参加展会西装的选择，皮带的颜色，手表的类型，衬衫的图案，香水的使用等都是颇有讲究的。关于详细的仪容仪表的修饰，在网络和新华书店有很多书籍可以详细参阅，请自行脑补。这里大致提几点：TOP 原则、TIME（时间）、OCCASION（场合）、PLACE（地点）。

一、着装要和时间相符的原则

着装应考虑时代变化、四季变化和一天各个时段的变化。

1. 无论是男士还是女士的服装，每个时期流行的款式都不一样。着装时要尽量避免已经明显过时的款式。

2. 春夏秋冬不同季节气候、温度会有很大变化，着装上也会有所不同。

3. 在有些地方早中晚温差变化大，着装也要随着变化。会展人员活动范围大，奔波于不同地区，要想穿着适度，就需要提前了解目的地的气候和温度变化情况。

二、着装要和场合相符的原则

会展人员与客户会谈、参加正式会议等，衣着应庄重考究；听音乐会或看芭蕾舞，按惯例应着正装；女士出席正式宴会时应穿中国的传统旗袍或西方的长裙晚礼服；而在朋友聚会、郊游等场合，着装应轻便舒适。试想一下，如果大家都穿便装，你却穿礼服就有欠轻松；同样的，如果以便装出席正式会议，不但是对会议举办者的不尊重，也会令自己颇为尴尬。

三、着装要和地点相符的原则

如果在自己单位里接待客户，穿着可以稍稍休闲一些。如果是去客户公司拜访，穿着一定要非常正式。另外如果涉及外地甚至是国外的客户接待，就需要事先做好功课，比如了解当地的传统与风俗习惯。如去中东伊斯兰国家拜访客户，女士都不能穿过露或过短的服装，甚至需要准备裹头和包脸的纱巾。

在展会接待客户的过程中请注意如下要点：

1. 迎来送往。很多业务员往往偷懒，慵懒地坐在椅子上等待客户的光临，展会站一天的确是比较辛苦的，适当的休息是可以理解的，可是大部分时间，还是应当站在摊位的入口，迎接客户的到来。和客户洽谈完毕以后，记得恭送客户到摊位口，表达主人情谊，体现礼貌涵养。

2. 在洽谈的过程中，除了运用自己的专业知识解答客户提出的各种问题外，在适当的时候，如果能和客户聊到对方国家的文化、经济等也会收到意想不到的效果。当然这对业务员的综合素质提出了更高的要求。所以平时看看国际新闻、国外书籍对拓宽自己的知识面和提高涵养是有帮助的。同时，在洽谈过程中也可以适当使用自己的身势语，来辅助表达自己的观点，这是老外的工作习惯。

3. 洽谈过程还必须保证洽谈材料及办公工具的完备。数码相机、预先准备好的CD盘刻录的产品目录和企业介绍（包括你们常用的付款方式、生产周期等）、产品册子、易于携带的小样品，色板、计算器、尺、笔记本、订书机、图册还有针对性的报价单。记得要在客人来之前回顾一下以前的来往邮件，做好基本的准备。预备好专门的记录本子、计算器、价格表，记录本子最好选用有活页的夹子，这样过一段时间可以整理一下，但是，已经记录的不能随便扔掉，整理好备查。

我始终坚信，细节决定成败。

第十一节　大客户的接触渠道浅析

有一定基础的外贸业务员，经过一段时间的工作，通常会对业内的国外知名大企业（客户）有一定的了解，如对方的公司规模、采购量等。但是想通过传统的联系方式和这样的客户搭上桥往往很困难，甚至连前期联系的建立似乎都遥不可及。这里我想分享两个案例来说明，不少这样的跨国知名大企业的合作是需要一定契机的催化才能联系上的。

一、政府职能部门的作用。

我们公司是做塑料机械配件的，Battenfeld－Cincinnati（下文简称BC）是国际最知名的塑料挤出机生产商之一，一直就是众多国内生产商和供应商眼中的一块大蛋糕。因为该公司历史悠久，部门完备，管理精细，分工明确。其实国内有哪些上规模的生产商，BC公司非常清楚。从2010年我们就开始和这家公司接触，可是始终没能和他们正式合作。我们自己找原因，求改善。客户没有明确给出我们不合作的原因，但是还是例行的保持每年一次的来我厂参观考察。

2013年我司老板突然接到地方政府外经贸局长的电话，说BC公司主动找到市里的外经贸，要求推荐2～3家规模较大、质量优秀、管理一流的企业，于是局长就给我们老板打电话了，说也推荐了我们企业给BC公司，后来顺理成章的我们终于和BC公司达成了合作关系。事后我们反思为什么之前客户一直没有和我们达成合作。首先是不是因为工厂规模、加工设备质量、管理水平、厂区环境、员工素质还达不到客户的要求？可是如果是这样为什么客户会持续每年来厂考察？后来我们想一方面我们公司确实在2012年使用了新建设的标准化厂房，无论是车间环境还是管理水平，都让人耳目一新。另外就是BC这样的国际大企业还是比较倚重或相信政府职能部门的公信力，我想对我们最终达成合作也是有助力的吧。

★ 注：中国上规模一点的企业，基本都保持了和政府部门的良好关

系，这对生意也是相当有利的。

二、人脉的作用

我一直建议我的业务员多结交外贸行业内的朋友，长远来说，这对你的工作发展是大有裨益的。

一位做外贸的朋友，之前在一家纺织企业做外贸业务员，水平不错，工作几年累计了不少人脉以后自己出来单干了，开了一家小型的服装厂，最近他也接到不少国际二线品牌的服装订单。原因就是原来工作的老单位的人脉给了他这个契机，不然以他工厂的规模、资源、人力、财力是断不可能比得过那些规模大的服装加工企业的。

所以大力发展人脉网对一个外贸业务员来说尤为重要，不可忽视。

本章小结

记得高三冲击高考的时候，语文老师经常花一堂课的时间让大家写快速作文，通常写的题材和内容都是论文。好吧，这里我们就有一个命题：做外贸该不该抄近路。

我以为在保证自己有扎实外贸知识基础的前提下，我们必须抄近路，学会抄近路。我想这里的近路所指有两方面：一方面是指不要去走之前外贸前辈走过的弯路，我们直接跳过它；另一方面，近路指的就是在外贸工作中运用的各种技巧，借鉴富有成效的经验。抄近路，会让我们节省时间，提高效率，更快到达成功的彼岸。

第八章
外贸的售后服务——犹太人的制胜法宝

第一节　商业的本质是帮助别人

著名犹太心理学家亚伯拉罕·哈罗德·马斯洛将人类巨大的行为复杂性归结为五大需求，后来又简化为四种基本需求：自我、与他人的交往、环境、身体。简单地说，马斯洛认为绝大多数人都需要满足这四个方面的需要。

根据犹太教的观点：在过去的 5 000 年中，人类的本性并没有多大变化；没有人比造物主更能了解自己的本性了。因此，商业的本质是帮助别人，充分满足人类的正常需求。

《塔木德》说，当一个人升入天堂，他会被问道：

你是否诚实地工作着？

你是否腾出时间用于学习？

你是否参与繁衍后代的生殖活动？

你是否努力地自救？

你是否探讨智慧的哲理?

你是否深入探求事物的本质?

这段话正是对满足人类四种动机的道德化延伸。犹太民族的历史告诉我们，要想真正地帮助别人，同时获得商业上的长期成功，你必须学习以上帝所期望的那种合乎道德伦理和礼貌的方式做人行事。

和老外打交道，做外贸生意，其实不也是体现了如上的商业本质吗?在我公司外贸部的墙上有一句勉励我自己和大家的话，“先学会做人，再做生意”。当客户向我们询问、购买某种产品的时候，不正是客户有需求，需要帮助的体现吗?我们通过劳动、努力在达成客户愿望的同时，不也正是在履行实践“帮助别人”这句话吗?

所以，作为外贸业务员不管在你的邮件、电话、传真和你的身体力行中，都必须体现你服务和帮助客户的意识。

第二节　以保守主义取胜

我们先看一个以保守主义取胜的例子。

戴尔公司从一家总值不足80亿美元的公司，成长为2001年实现320亿美元销售收入的大公司。也许最引人注目的是，戴尔公司的成功没有伴随着近些年一直困扰高技术公司的那种大起大落，风雨飘摇。而更独特、奇怪的是，IT业几乎所有的成功都依靠技术创新，只有戴尔公司是个特例，你要从它的历史中寻找什么技术创新，那一定会大失所望，戴尔公司依靠的恰恰是它的传统和保守。

微软和苹果经常说要改变技术的本质，要生产新的产品以开发出所谓的潜在需求。与此相比，戴尔是一个冷静、沉稳的学者。他的成功之处就在于能尽量避免犯对手所犯的错误，并集中精力干好几件大事。

戴尔的企业文化中保守的观点占了主流。公司很少宣布执行官的更换和新部门的调整，而更倾向于悄悄地做出这些变化，不引起公众的注意。在接受记者采访时，戴尔公司的经理们很少说涉及公布的消息之外的事，他们似乎在暗示自己，老板就坐在他们旁边。

“以保守主义取胜”这个原则带着一种切中要害的清醒，它帮助戴尔这位业界天才取得成功。当第一台PC机面世时，戴尔还只有10岁。在他30岁以前，戴尔已经打造出了一个资产达数十亿美元的公司，他通过控制竞争革新了PC机的销售模式，将他的对手引入了一场失败的价格战中，而不是去追求最新的工业时尚。戴尔公司的确很少冒险去超越微软和英特尔的技术，仅花费净收入的1.5%去做研究和开发。但不管怎样，戴尔公司运作得很好。

从技术的角度讲，这也有有利的方面，因为戴尔的计算机是定制的，所以它能迅速提供来自微软和英特尔的最新产品。此外，作为英特尔垄断的最大客户，它能够享受微软和英特尔最大的总额折扣。

几经反复，戴尔靠牺牲利润来争取市场份额的积极策略赢得了价格战的胜利。即使在PC机需求增长缓慢、价格不断下跌的情况下，戴尔构建的高效系统仍然使其获得了较好的收益，而它的竞争对手们却一筹莫展。

从大的范畴来说，其实现在很多大一点的外贸公司的运作方式和戴尔公司有雷同的地方。做纯外贸的公司不愿意投资做工厂，需要考虑生产、人力资源等纷繁复杂的各个方面，于是他们通常只建一个成本便宜得多的包装车间或者仓库，他们从其他生产商那里购买产品和包装材料，自己在仓库包装和贴牌。这样既保护了客户信息，同时使外商也难以和生产商直接建立联系，同时还可以构建自己的品牌。

从小的方面来说，有的外贸业务员、外贸公司或者工厂，喜欢跟风，别人做什么产品，自己也去做什么产品。其实根据我在本书之初介绍的“杂货店理论”，其实只要你专注做一件事情、一项工作、一类产品，不断提高产品档次、质量，极大限度地挖掘产品的潜能，你还是可以把这类产品做大做好做强的。这其实也印证了这里所说的“以保守主义取胜”。

本章小结

如果说销售环节是生产商供应商的“第一次竞争”，那么售后服务则是“第二次竞争”，是一个更深层次、更高要求、更具有长远战略意义的竞争，它比第一次竞争更为重要，更具有决定胜负的作用。

当前是一个各种商品供大于求、企业竞争激烈的市场经济时代，更是一个产品同质化、技术同质化的时代，唯有良好的售后服务才是企业持续发展的可行之道。

第九章
从简单的为了 ORDER 到做 PROJECT

第一节　经济实力的提升导致了付款方式的转变

随着外贸工作的不断深入和工作经验的积累，外贸业务员的订单会越来越多，越来越大。最直观的体现就是外贸业务员自身的经济实力也随之提高，以至我们抵抗风险的能力增强。这个时候，我们就会发现随着经济实力的提升和增强，付款方式也悄悄发生了一些变形和转变，这使你能够更加广泛地接触到不同类型、国家、贸易习惯的客户，进一步提高自己的业务量。

比如在前面的章节中我提到，在外贸初期，外贸新手尤其需要注意自己的付款方式，选用对自己有利的、零风险的付款方式。随着时间的推移，如果你有了一些长期合作的稳定的老客户，对他们你未必一定要采用比较呆板生硬的老付款方式。因为前期建立了牢固的信任关系，同时又有一定的经济实力做后盾，这个时候你就可以接受“货到付款，无须预付款”等风险较大的付款方式了。特别是当你的产品质量和交货期等环节出现问题的时候，你可以通过在付款方式上的让步，让客户感受到你的诚意和长期合作的意愿，将自己从被动的局面中解脱出来。

在和自己的一批老客户建立了一段时间牢固的互信关系以后，相信你的经济实力又能跨上一个新的台阶。这时，在接触新客户时，要充分了解这些新客户的公司背景（通过邓白氏等咨询机构），对于新客户，你一样可以采用更为灵活的付款方式，使自己最大限度地搜罗潜在的客户资源。

第二节　从简单的买卖关系到合作做项目

对于有了长期稳定客户群以及订单的外贸业务员，什么才是他的下一个目标和上升期呢？那就是把你和客户之间简单的买卖关系进阶到合作做项目关系。

如果想开发新项目，首要的是手里要有自己的老本行业务，有一些老客户能稳定地维持最基本的业务量，这样心里才比较有底气。

新项目开发的产品选择至关重要，我前面说到“培养你的商业嗅觉”是我选择新项目的主要方法。此外在每天工作之后的休息时间，如果客户有即时聊天工具并在线，你还可以跟客户聊聊相关的话题，可以问问他们，他们那边的产品市场上流行什么，什么东西比较火，这些都是鲜活的第一手信息。

下面是一个关于合作做项目的操作案例供大家参考。

假设我现在是做传统医院用手术袍的外贸业务员，有一个老客户每个月都会稳定地采购一定量的手术袍。在和客户进行业务交流的过程中，从客户的口中得知最终客户在使用过程中有很多不方便的地方，比如，在手术袍使用后，脱衣服很不方便；在做手术过程中手术手套的袖口很容易从手术袍的袖子上脱落。虽然这是现在传统手术袍在使用中常见的问题，消费者（外科医生）也默然接受了。但是由这些问题可以激发我们外贸业务员的灵感，为什么不联合工厂的技术力量和身边的资源，合理设计新式的隔离服来解决这些问题呢?

一方面，我会把这些问题反映给工厂的技术部门，让他们想办法解决这些问题；另一方面，我还会和身边的资源联系，比如浙江纺织学院。在学校的相关院系专业举行一次设计比赛（设置适当的奖金），说明设计产品的要求和用途，充分发挥学生的想象力和创造力，集思广益。

最后将设计出来的产品打样，交付客户试用，一旦客户认可，就可以大批量地生产了，这就是所谓的做项目。

本章小结

当你从设计、施工，到完成一个项目，其所带来的成就感不是用金钱可以比拟和衡量的！这是我对做项目唯一，也是最原本的想法。

第十章
经济危机下外贸业务量不降反升的秘诀

第一节 读《圣经》提升业务操作水平

随着外贸工作的深入和时间的积累，我发现西方人的思维体系和他们所信仰的宗教有着千丝万缕的关系。通过阅读《圣经》，可以理解他们的处事原则。这里我简单节选了里面的一小段来说明这个道理。

圣经十诫（The Ten Commandments）其中一段是这样描述的：

“You shall not give false testimony against your neighbor.”

（不可做假见证陷害人。）

“You shall not covert your neighbor's house. You shall not covert your neighbor's wife，or his manservant or maidservant，his ox or donkey, or anything that belong to your neighbor."

（不可贪恋别人的房屋，也不可贪恋别人的妻子、奴婢、牛、驴，或者他一切所有的。）

Laws of Justice and Mercy（公平和怜悯条例）

"Do not spread false reports. Do not help a wicked man by being a malicious witness.

"Do not follow the crowd in doing wrong. When you give testimony in a lawsuit, do not pervert justice by siding with the crowd, and do not show favoritism to a poor man in his lawsuit.

"If you come across your enemy's ox or donkey wandering off, be sure to take it back to him. If you see the donkey of someone who hates you fallen down under its load, do not leave it there, be sure you help him with it.

"Do not deny justice to your poor people in their lawsuits. Have nothing to do with a false charge and do not put an innocent or honest person to death, for I will not acquit the guilty.

"Do not accept a bribe, for a bribe blinds those who see and twists the words of the righteous.

"Do not oppress an alien, you yourselves know how it feels to be aliens, because you were aliens in Egypt."

Various Laws（各项法例）

"Do not steal.

"Do not lie.

"Do not deceive one another.

"Do not hold back the wages of a hired man overnight."

看看我们平时在和客户电话、邮件交流时是否都体现了上面《圣经》里的内容呢？例如，西方客户特别注重公平的概念。记得我在美国参加展会期间，和客户一起用过好几次餐，中国人的习惯是主动买单，但是我的客户都是坚持要么AA制，要么一个人一餐的交替买单。在业务的交流协商中，美国人对公平的追求也是体现得一览无余。

所以我觉得如果你熟读了《圣经》，对于了解西方人的为人处世的方式和原则都会有深入的了解和理解，这对经常和老外打交道的外贸业务员的工作是有极大促进作用的。

第二节　把《影响力》用到你的工作中去

读书，对于一个人一生的成长都是非常重要的。俗话说：活到老，学到老。对于我们外贸业务员来说，不仅要要求自己多读书，更关键的是把自己读到的知识用到外贸业务工作中去。

这里我特别推荐美国人 Robert B. Cialdini 写的“Influence-The Psychology of Persuasion”这本书，中文译作《影响力》，该书中介绍的许多原则和方法都可以被我们外贸业务员直接运用到外贸工作中去。

如下我节选了其中的一部分内容做分析。

互惠原理认为：我们应该尽量以相同的方式报答他人为我们所做的一切。简单地说，就是对他人的某种行为，我们要以一种累死的行为去回报。如果人家给了我们某种好处，我们就应该以另外一种好处来报答他人的恩惠，而不能对此无动于衷，更不能以怨报德。于是，我们身边这一最有效的影响力武器，就被某些人利用来谋取利益了。

为了了解互惠原理的影响力是如何被哪些熟悉它的人所利用的，我们不妨来看看康奈尔大学 Dennis Regan 教授所做的一个实验。在这个实验中，一个实验对象被邀请参加一次所谓的“艺术欣赏”，也就是与另一个实验对象一起给一些画评分，另一个实验对象（让我们叫他乔吧），其实是假扮的，他的真实身份是雷根教授的助手。为达到目标，实验在两种情况下进行。在第一种情况下，乔主动给那个真正的实验对象送了一个小小的人情：在评分中间短暂的休息时间里，他出去了几分钟，然后带回来两瓶可乐，他一瓶递给了实验对象，另一瓶留给了自己，并对实验对象说，“我问他（主持实验的人）能否买瓶可乐回来，他说没问题，所以我也给你带了一瓶”。在另一种情况下，乔没有给实验对象任何小恩小惠。两分钟休息过后，他两手空空地从外面走进来，而其他的所有方面，乔的表现都一模一样。

稍后，在给所有的画打完分之后，主持实验的人暂时离开了房间。这时，乔要实验对象帮他一个忙。他说他在为一种新车卖彩票。如果他卖掉的彩票最多，他就能得到50块钱的奖金。乔请实验对象帮忙买一些两毛五分一张的彩票。他说："买几张都行，当然是越多越好了。"这才是实验的真正目的，比较两种情况下实验对象从乔那里购买的彩票数量。毫无疑问，那些先前接受了乔的可乐的人更愿意购买彩票。显然，他们都觉得自己欠乔一点什么似的，因此他们购买的彩票是另一种情况下的两倍。

首先看上文中阐释的互惠原理，结合之前一节的内容，我估计因为这本书的作者是美国人，所以上文中的原理和《圣经》中的教义是相同的。

在原理下面的实验例子，其实可以直接照搬到我们外贸业务员的工作当中去。"吃人的嘴软"这句中国俗语同样能适用在老外的身上。所以才会有那么多的外贸公司、外贸业务员每逢客户节日的时候会给新老客户寄送卡片或者小礼物。当然不单单如此，比如在外贸业务中赠送样品给客户，提供一定的货物给客户试用，其实都是潜在地利用这个原理。

所以我们必须活学活用我们所阅读的书籍，把里面的知识和经验用到我们的外贸业务工作中去。

本章小结

"如果说我比别人看得更远些，那是因为我站在了巨人的肩上。"

其实作为外贸业务员，我们要做的不是"从猿猴到直立行走"，而是吸取前人的成功经验，尽快"站在巨人的肩膀上"。那样我们的视野会更开阔，见地更深刻，我们的起跑会更有爆发力。

没有人会否认犹太民族的经商头脑，更没有人会质疑先贤的处世名言，我们需要做的只是让其为我所用，随后奋力翱翔。

后续

外贸人的职业规划——人人都来做老板

记得在给我公司外贸部的业务员培训的第一堂课上，我对他们说：没有人想打一辈子的工，你们必须时刻有个信念，那就是自己做老板。

我认为要想自己做外贸公司的老板，必须具备以下素质：

1. 首先要做一个合格的外贸业务员，有熟练的外语驾驭能力和娴熟的外贸业务操作技巧；

2. 学会做一名司机，司机不需要懂机械、汽车维修，你仅仅是一名驾驶者，所以做老板以后，你未必需要事必躬亲，且作为管理者，请务必扮演好司机的角色；

3. 由外贸业务员变成老板以后，要学会提升自己的威信和办事的魄力，以提高自己公司的执行力；

4. 广博的知识、丰富的社会经验、充足的人脉关系是成就一名优秀的老板必不可少的重要因素；

5. 练就自己的商业心态，商业的根本就是赢利，怎么赚钱、怎么运作、怎么资源优化等；

6. 提高自身涵养，先学会做人，再做业务。

最后，祝愿每一位外贸业务员在外贸天地里展翅翱翔！

模仿并不可耻，模仿是为了改进和超越，除非是流于形式！

附　录

Google 的检索说明：

1. Google 无须用明文的“+”来表示逻辑的“与”操作，只要空格就可以了。

示例：搜索所有包含关键词“易筋经”和“吸星大法”的中文网页。

搜索式：“易筋经—吸星大法”（注意：文章中搜索语法外面的引号仅起引用作用，不能带入搜索栏内。）

2. Google 用减号“—”表示逻辑“非”操作。

示例：搜索所有包含“易筋经”而不含“吸星大法”的中文网页。

搜索式：“易筋经 —吸星大法”（注意：这里的“+”和“—”号，是英文字符，而不是中文字符的“+”和“—”。此外，操作符与作用的关键字之间，不能有空格。比如“易筋经 — 吸星大法”，搜索引擎将视为逻辑“与”操作，中间的“—”被忽略。）

3. Google 用大写的“OR”表示逻辑“或”操作（注意：小写的“or”，在查询的时候将被忽略；这样上述的操作实际上变成了一次“与”查询）。但是，关键字为中文的“或”查询似乎还有 BUG，无法得到正确的查询结果。

示例：搜索包含布兰妮“Britney”或者披头士“Beatles”或者两者均有的中文网页。

搜索式：“Britney OR Beatles”

4. “+”和“—”的作用有的时候是相同的，都是为了缩小搜索结果的范围，提高查询结果命中率。

例：查阅天龙八部具体是哪八部。

分析：如果光用“天龙八部”做关键字，搜索结果有 26 500 项，而且排前列的主要与金庸的小说《天龙八部》相关，很难找到所需要的信息。可以用两个方法减少无关结果。

（1）如果你知道八部中的某一部，比如阿修罗，增加“阿修罗”关键字，如“天龙八部 阿修罗”。搜索结果就只有 995 项，可以直接找到全部八部。

（2）如果你不知道八部中的任何一部，但知道这与佛教相关，可以排除与金庸小说相关的记录，如“天龙八部 佛教－金庸”。查询结果为 1 010 项，可以迅速找到需要的资料。

5. Google 不支持通配符，如“＊”、“?”等，只能做精确查询，关键字后面的“＊”或者“?”会被忽略掉。

Google 对英文字符大小写不敏感，“GOD”和“god”搜索的结果是一样的。

Google 的关键字可以是词组（中间没有空格），也可以是句子（中间有空格），但是，用句子做关键字，必须加英文引号。

示例：搜索包含“long，long ago”字串的页面。

搜索式：“‘long，long ago’”

注意：和搜索英文关键字串不同的是，Google 对中文字串的处理并不十分完善。比如，搜索“啊，我的太阳”，我们希望结果中含有这个句子，事实并非如此。查询的很多结果，“啊”、“我的”、“太阳”等词语是完全分开的，但又不是“啊 我的 太阳”这样的“与”查询。

Google 对一些网络上出现频率极高的词（主要是英文单词），如“i”、“com”，以及一些符号，如“＊”、“.”等，作忽略处理，如果用户必须要求关键字中包含这些常用词，就要用强制语法“＋”。

示例：搜索包含“Who am I”的网页。如果用“who am i ?”，“Who”、“I”、“?”会被省略掉，搜索将只用“am”做关键字，所以应该用强制搜索。

搜索式：“＋who ＋am ＋i”（注意：英文符号如问号，句号，逗号等无法成为搜索关键字，加强制也不行）

6. Google 的高级搜索语法：site，link，inurl，allinurl，intitle，allintitle

（1）“site”表示搜索结果局限于某个具体网站或者网站频道，如“sina. com. cn”、“edu. sina. com. cn”，或者是某个域名，如“com. cn”、“com”

等。如果是要排除某网站或者域名范围内的页面，只需用“一网站/域名”。

示例：搜索中文教育科研网站（edu. cn）上所有包含“金庸”的页面。

搜索式：“金庸 site：edu. cn”

示例：搜索包含“金庸”和“古龙”的中文新浪网站页面。

搜索式：“金庸 古龙 site：sina. com. cn”

结果：已在 sina. com. cn 搜索有关金庸、古龙的中文（简体）网页。共约有 869 项查询结果，这是第 1～10 项。搜索用时 0.34 秒。

注意：site 后的冒号为英文字符，而且，冒号后不能有空格，否则，“site:”将被作为一个搜索的关键字。此外，网站域名不能有“http”以及“www”前缀，也不能有任何“/”的目录后缀；网站频道则只局限于“频道名．域名”的方式，而不能是“域名/频道名”的方式。诸如“金庸 site：edu. sina. com. cn/1/”的语法是错误的。

（2）使用“link”语法，将搜索到的所有链接到某个 URL 地址的网页。

示例：搜索所有含指向华军软件园“www. newhua. com”链接的网页。

搜索式：“link：www. newhua. com”

注意：“link”不能与其他语法相混合操作，所以“link:”后面即使有空格，也将被 Google 忽略。

（3）使用 inurl 语法，返回的网页链接中包含第一个关键字，后面的关键字则出现在链接中或者网页文档中。有很多网站把某一类具有相同属性的资源名称显示在目录名称或者网页名称中，比如“MP3”、“GALLARY”等，于是，就可以用 inurl 语法找到这些相关资源链接，然后，用第二个关键词确定是否有某项具体资料。inurl 语法和基本搜索语法的最大区别在于，前者通常能提供非常精确的专题资料。

示例：查找 midi 曲“沧海一声笑”。

搜索式：“inurl：midi 沧海一声笑”

示例：查找微软网站上关于 Windows2000 的安全课题资料。

搜索式：“inurl：security windows2000 site：microsoft. com”

注意："inurl："后面不能有空格，Google也不对URL符号，如"/"进行搜索。Google将"cgi-bin/phf"中的"/"当成空格处理。

（4）使用allinurl语法，返回的网页链接中包含所有要查询的关键字，这个查询的对象只集中于网页的链接字符串。

示例：查找可能具有PHF安全漏洞的公司网站。通常这些网站的CGI-BIN目录中含有PHF脚本程序（这个脚本是不安全的），表现在链接中就是"域名/cgi-bin/phf"。

搜索式："allinurl：cgi-bin phf ＋com"

allintitle和intitle的用法类似于上面的allinurl和inurl，只是后者对URL进行查询，而前者对网页的标题栏进行查询。网页标题，就是HT-ML标记语言标题之间的部分。网页设计的一个原则就是要把主页的关键内容用简洁的语言表示在网页标题中。因此，只查询标题栏，通常也可以找到高相关率的专题页面。

示例：查找日本明星藤原纪香的照片集。

搜索式："intitle：藤原纪香 写真"

7. Google的罕用高级搜索语法：related，cache，info

related用来搜索结构内容方面相似的网页。例：搜索所有与中文新浪网主页相似的页面（如网易首页、搜狐首页、中华网首页等），"related：www. sina. com. cn/index. shtml"。

cache用来搜索Google服务器上某页面的缓存，这个功能与"网页快照"相同，通常用于查找某些已经被删除的死链接网页，相当于使用普通搜索结果页面中的"网页快照"功能。

info用来显示与某链接相关的一系列搜索，提供cache、link、related和完全包含该链接的网页的功能。

示例：查找和新浪首页相关的一些资讯。

搜索式："info：www. sina. com. cn"

8. Google的其他重要功能介绍

（1）目录服务

如果不想搜索网页，而是想寻找某些专题网站，可以访问Google的分类目“http：//directory.Google.com/”。

（2）工具条

为了方便搜索者，Google 提供了工具条，集成于浏览器中，用户无须打开 Google 主页就可以在工具条内输入关键字进行搜索。此外，工具条还提供了许多其他功能，如显示页面 PageRank、设置拦截弹出广告等。最方便的一点在于用户可以快捷地在 Google 主页、目录服务、新闻组搜索、高级搜索和搜索设定之间切换。目前 Google 主页已提示下载安装了 Google 工具条。

（3）新闻组（USENET）

搜索新闻组中有大量的有价值信息，DEJA 一直是新闻组搜索引擎中的佼佼者。2001 年 2 月份，Google 将 DEJA 收购并提供了所有 DEJA 的功能。现在，除了搜索功能之外，Google 还支持新闻组的 web 方式浏览和张贴功能。输入“http：//groups.Google.com/”后，便进入了 Google 新闻组界面。可惜现在还没有中文界面。新闻组高级搜索界面提供对关键字、新闻组、主题、作者、帖子序号、语言和发布日期的条件搜索。其中作者项指作者发帖所用的唯一识别号电子信箱。比如要在 alt.chinese.text 内搜索著名老牌网络写手图雅的帖子，可以用下列指令“group：alt.chinese.text author：tuya@ccmail.uoregon.edu”。不过一般而言，更推荐使用图形搜索界面，这样方便而且直观。

（4）搜索结果翻译

你曾经为那些你不懂的法文、西班牙文页面烦恼吗？现在，Google 支持一项搜索结果翻译功能，可以把非英文的搜索结果翻译成英文！目前只支持有限的拉丁语、法语、西班牙语、德语和葡萄牙语。只能在英文状态 Google 下实现这个功能。进入 Google 的设置页 http：//www.Google.com/preferences，有一个“BETA：Enable translation of search results into your interface language.”的选项，把它选中，就可以了。

（5）搜索结果过滤

网络上的成人内容浩如烟海，而且很多站点具有欺骗或者其他不良企图，浏览者很容易掉入其中的陷阱。为此，Google 新设立了成人内容过滤功能，见 Google 的设置页 http：//www. Google. com/preferences，最底下有一个选项 SafeSearch Filtering。不过，中文状态下的 Google 尚没有这个功能。

（6）PDF 文档搜索

Google 提供对 PDF 文档内文的检索。目前 Google 检索的 PDF 文档大约有 2500 万。PDF 是 Adobe 公司开发的电子文档格式，现在已经成为互联网的电子化出版标准。PDF 文档通常是一些图文并茂的综合性文档，提供的资讯一般比较集中全面。

示例：搜索关于电子商务（ecommerce）的 PDF 文档。

搜索式："inurldf ecommerce"

下面是某项搜索结果：

［PDF］www. usi. net/pdf/outsoucing-ecommerce. pdf Outsourcing E-lectronic Commerce Business Case White Paper By：John P. Sahlin，Product Marketing Professonial（PMP）Implementation Manager，Web Engineering... 一般文字档——类似网页

可以看到，Google 在 PDF 文档前加上了［PDF］的标记，而且，Google 把 PDF 文件转换成了文字档，点击"一般文字档"，可以粗略地查看该 PDF 文档的大致内容。当然，PDF 原有的图片以及格式是没有的。

（7）图像文档搜索

Google 提供了 Internet 上图像文件的搜索功能。地址是"images. Google. com"。你可以在关键字栏位内输入描述图像内容的关键字，如"刘德华"。Google 给出的搜索结果具有一个直观的缩略图，以及对该缩略图的简单描述，如图像文件名称，以及大小等。点击缩略图，页面分成两帧，上帧是图像之缩略图，以及页面链接；而下帧，则是该图像所处的页面。屏幕右上角有一个"移除栏框"的按钮，可以把框架页面迅速切换到单帧的结果页面，非常方便。

书目介绍

乐 贸 系 列

书名	作者	定价	书号	出版时间
外贸 SOHO 系列				
1. 外贸 SOHO，你会做吗？	黄见华	30.00 元	978-7-5175-0141-1	2016 年 7 月第 1 版
跨境电商系列				
1. 跨境电商 3.0 时代——把握外贸转型时代风口	朱秋城（Mr. Harris）	55.00 元	978-7-5175-0140-4	2016 年 9 月第 1 版
2. 118 问玩转速卖通——跨境电商海外淘金全攻略	红　鱼	38.00 元	978-7-5175-0095-7	2016 年 1 月第 1 版
外贸职场高手系列				
1. 外贸大牛的术与道	丹　牛	38.00 元	978-7-5175-0163-3	2016 年 10 月第 1 版
2. JAC 外贸谈判手记——JAC 和他的外贸故事	JAC	45.00 元	978-7-5175-0136-7	2016 年 8 月第 1 版
3. Mr. Hua 创业手记——从 0 到 1 的"华式"创业思维	华　超	45.00 元	978-7-5175-0089-6	2015 年 10 月第 1 版
4. 外贸会计上班记	谭　天	38.00 元	978-7-5175-0088-9	2015 年 10 月第 1 版
5. JAC 外贸工具书——JAC 和他的外贸故事	JAC	45.00 元	978-7-5175-0053-7	2015 年 7 月第 1 版
6. 外贸菜鸟成长记（0 ~ 3 岁）	何嘉美	35.00 元	978-7-5175-0070-4	2015 年 6 月第 1 版
外贸操作实务子系列				
1. 金牌外贸业务员找客户（第三版）——跨境电商时代开发客户的 9 种方法	张劲松	40.00 元	978-7-5175-0098-8	2016 年 1 月第 3 版
2. 实用外贸技巧助你轻松拿订单（第二版）	王陶（波锅涅）	30.00 元	978-7-5175-0072-8	2015 年 7 月第 2 版
3. 外贸全流程攻略——进出口经理跟单手记	温伟雄	33.00 元	978-7-5175-0015-5	2014 年 5 月第 1 版
4. 出口营销实战（第三版）	黄泰山	45.00 元	978-7-80165-932-3	2013 年 1 月第 3 版
5. 外贸实务疑难解惑 220 例	张浩清	38.00 元	978-7-80165-853-1	2012 年 1 月第 1 版
6. 外贸高手客户成交技巧	毅　冰	35.00 元	978-7-80165-841-8	2012 年 1 月第 1 版
7. 报检七日通	徐荣才　朱瑾瑜	22.00 元	978-7-80165-715-2	2010 年 8 月第 1 版
8. 外贸业务经理人手册（第 2 版）	陈文培	39.00 元	978-7-80165-671-1	2010 年 1 月第 1 版
9. 外贸实用工具手册	本书编委会	32.00 元	978-7-80165-558-5	2009 年 1 月第 1 版
10. 外贸实务经验分享 33 例	沱沱网中文站	28.00 元	978-7-80165-560-8	2009 年 1 月第 1 版

书名	作者	定价	书号	出版时间
11. 外贸实务案例精华 80 篇	刘德标 吴珊红	29.80 元	978-7-80165-561-5	2009 年 1 月第 1 版
12. 快乐外贸七讲	朱芷萱	22.00 元	978-7-80165-373-4	2009 年 1 月第 1 版
13. 危机生存——十位经理人谈金融危机下的经营之道	本书编委会	22.00 元	978-7-80165-586-8	2009 年 1 月第 1 版
14. 外贸七日通（最新修订版）	黄海涛（深海鱿鱼）	22.00 元	978-7-80165-397-0	2008 年 8 月第 3 版
15. 出口营销策略（《出口营销实战》升级版）	黄泰山　冯斌	35.00 元	978-7-80165-459-5	2008 年 5 月第 1 版

出口风险管理子系列

1. 轻松应对出口法律风险	韩宝庆	39.80 元	978-7-80165-822-7	2011 年 9 月第 1 版
2. 出口风险管理实务(第二版)	冯　斌	48.00 元	978-7-80165-725-1	2010 年 4 月第 2 版
3. 50 种出口风险防范	王新华　陈丹凤	35.00 元	978-7-80165-647-6	2009 年 8 月第 1 版

外贸单证操作子系列

1. 外贸单证经理的成长日记(第二版)	曹顺祥	40.00 元	978-7-5175-0130-5	2016 年 6 月第 2 版
2. 跟单信用证一本通	何源	35.00 元	978-7-80165-849-4	2012 年 1 月第 1 版
3. 信用证审单有问有答 280 例	李一平　徐珺	37.00 元	978-7-80165-761-9	2010 年 8 月第 1 版
4. 外贸单证解惑 280 例	龚玉和　齐朝阳	38.00 元	978-7-80165-638-4	2009 年 7 月第 1 版
5. 信用证 6 小时教程	黄海涛(深海鱿鱼)	25.00 元	978-7-80165-624-7	2009 年 4 月第 2 版
6. 跟单高手教你做跟单	汪　德	32.00 元	978-7-80165-623-0	2009 年 4 月第 1 版
7. 外贸单证处理技巧（第 3 版）	屈　韬	42.00 元	978-7-80165-516-5	2008 年 5 月第 1 版

福步外贸高手子系列

1. 外贸电邮营销实战——小小开发信　订单滚滚来(第二版)	薄如骢	45.00 元	978-7-5175-0126-8	2016 年 5 月第 2 版
2. 巧用外贸邮件拿订单	刘　裕	45.00 元	978-7-80165-966-8	2013 年 8 月第 1 版
3. 外贸技巧与邮件实战	刘　云	28.00 元	978-7-80165-536-3	2008 年 7 月第 1 版

国际物流操作子系列

1. 货代高手教你做货代——优秀货代笔记(第二版)	何银星	33.00 元	978-7-5175-0003-2	2014 年 2 月第 2 版
2. 国际物流操作风险防范——技巧·案例分析	孙家庆	32.00 元	978-7-80165-577-6	2009 年 4 月第 1 版

书名	作者	定价	书号	出版时间
3. 集装箱运输与海关监管	赵　宏	23.00 元	978-7-80165-559-2	2009 年 1 月第 1 版

通关实务子系列

书名	作者	定价	书号	出版时间
1. 外贸企业轻松应对海关估价	熊　斌　赖　芸　王卫宁	35.00 元	978-7-80165-895-1	2012 年 9 月第 1 版
2. 报关实务一本通（第 2 版）	苏州工业园区海关	35.00 元	978-7-80165-889-0	2012 年 8 月第 2 版
3. 如何通过原产地证尽享关税优惠	南京出入境检验检疫局	50.00 元	978-7-80165-614-8	2009 年 4 月第 3 版

彻底搞懂子系列

书名	作者	定价	书号	出版时间
1. 彻底搞懂关税（第二版）	孙金彦	43.00 元	978-7-5175-0172-5	2017 年 1 月第 2 版
2. 彻底搞懂提单（第二版）	张敏　张鹏飞	38.00 元	978-7-5175-0164-0	2016 年 12 月第 2 版
3. 彻底搞懂信用证（第二版）	王腾　曹红波	35.00 元	978-7-80165-840-1	2011 年 11 月第 2 版
4. 彻底搞懂中国自由贸易区优惠	刘德标　祖月	34.00 元	978-7-80165-762-6	2010 年 8 月第 1 版
5. 彻底搞懂贸易术语	陈　岩	33.00 元	978-7-80165-719-0	2010 年 2 月第 1 版
6. 彻底搞懂海运航线	唐丽敏	25.00 元	978-7-80165-644-5	2009 年 7 月第 1 版

外贸英语实战子系列

书名	作者	定价	书号	出版时间
1. 让外贸邮件说话——读懂客户心理的分析术	蔡泽民（Chris）	38.00 元	978-7-5175-0167-1	2016 年 12 月第 1 版
2. 十天搞定外贸函电	毅　冰	38.00 元	978-7-80165-898-2	2012 年 10 月第 1 版
3. 外贸高手的口语秘籍	李　凤	35.00 元	978-7-80165-838-8	2012 年 2 月第 1 版
4. 外贸英语函电实战	梁金水	25.00 元	978-7-80165-705-3	2010 年 1 月第 1 版
5. 外贸英语口语一本通	刘新法	29.00 元	978-7-80165-537-0	2008 年 8 月第 1 版

外贸谈判子系列

书名	作者	定价	书号	出版时间
1. 外贸英语谈判实战（第二版）	王慧　仲颖	38.00 元	978-7-5175-0111-4	2016 年 3 月第 2 版
2. 外贸谈判策略与技巧	赵立民	26.00 元	978-7-80165-645-2	2009 年 7 月第 1 版

国际商务往来子系列

书名	作者	定价	书号	出版时间
国际商务礼仪大讲堂	李嘉珊	26.00 元	978-7-80165-640-7	2009 年 12 月第 1 版

贸易展会子系列

书名	作者	定价	书号	出版时间
外贸参展全攻略——如何有效参加 B2B 贸易商展（第三版）	钟景松	38.00 元	978-7-5175-0076-6	2015 年 8 月第 3 版

书名	作者	定价	书号	出版时间

区域市场开发子系列

书名	作者	定价	书号	出版时间
中东市场开发实战	刘军　沈一强	28.00元	978-7-80165-650-6	2009年9月第1版

国际结算子系列

书名	作者	定价	书号	出版时间
1. 国际结算函电实务	周红军　阎之大	40.00元	978-7-80165-732-9	2010年5月第1版
2. 出口商如何保障安全收汇——L/C、D/P、D/A、O/A精讲	庄乐梅	85.00元	978-7-80165-491-5	2008年5月第1版

国际贸易金融工具子系列

书名	作者	定价	书号	出版时间
1. 出口信用保险——操作流程与案例	中国出口信用保险公司	35.00元	978-7-80165-522-6	2008年5月第1版
2. 福费廷	周红军	26.00元	978-7-80165-451-9	2008年1月第1版

加工贸易操作子系列

书名	作者	定价	书号	出版时间
1. 加工贸易实务操作与技巧	熊　斌	35.00元	978-7-80165-809-8	2011年4月第1版
2. 加工贸易达人速成——操作案例与技巧	陈秋霞	28.00元	978-7-80165-891-3	2012年7月第1版

乐税子系列

书名	作者	定价	书号	出版时间
1. 外贸企业免抵退税实务——经验·技巧分享	徐玉树　罗玉芳	45.00元	978-7-5175-0135-0	2016年6月第1版
2. 外贸会计账务处理实务——经验·技巧分享	徐玉树	38.00元	978-7-80165-958-3	2013年8月第1版
3. 生产企业免抵退税实务——经验·技巧分享(第二版)	徐玉树	42.00元	978-7-80165-936-1	2013年2月第2版
4. 外贸企业出口退(免)税常见错误解析100例	周朝勇	49.80元	978-7-80165-933-0	2013年2月第1版
5. 生产企业出口退(免)税常见错误解析115例	周朝勇	49.80元	978-7-80165-901-9	2013年1月第1版
6. 外汇核销指南	陈文培等	22.00元	978-7-80165-824-1	2011年8月第1版
7. 外贸企业出口退税操作手册	中国出口退税咨询网	42.00元	978-7-80165-818-0	2011年5月第1版
8. 生产企业免抵退税从入门到精通	中国出口退税咨询网	98.00元	978-7-80165-695-7	2010年1月第1版
9. 出口涉税会计实务精要(《外贸会计实务精要》第2版)	龙博客工作室	32.00元	978-7-80165-660-5	2009年9月第2版

专业报告子系列

书名	作者	定价	书号	出版时间
1. 国际工程风险管理	张　燎	1980.00元	978-7-80165-708-4	2010年1月第1版
2. 涉外型企业海关事务风险管理报告	《涉外型企业海关事务风险管理报告》研究小组	1980.00元	978-7-80165-666-7	2009年10月第1版

书名	作者	定价	书号	出版时间

外贸企业管理子系列

书名	作者	定价	书号	出版时间
1. 小企业做大外贸的制胜法则——职业外贸经理人带队伍手记	胡伟锋	35.00元	978-7-5175-0071-1	2015年7月第1版
2. 小企业做大外贸的四项修炼	胡伟锋	26.00元	978-7-80165-673-5	2010年1月第1版

国际贸易金融子系列

书名	作者	定价	书号	出版时间
1. 信用证风险防范与纠纷处理技巧	李道金	45.00元	978-7-5175-0079-7	2015年10月第1版
2. 国际贸易金融服务全程通（第二版）	郭党怀 张丽君 张贝	43.00元	978-7-80165-864-7	2012年1月第2版
3. 国际结算与贸易融资实务	李华根	42.00元	978-7-80165-847-0	2011年12月第1版

毅冰谈外贸子系列

书名	作者	定价	书号	出版时间
毅冰私房英语书——七天秀出外贸口语	毅 冰	35.00元	978-7-80165-965-1	2013年9月第1版

“实用型”报关与国际货运专业教材

书名	作者	定价	书号	出版时间
1. e时代报关实务	王 云	40.00元	978-7-5175-0142-8	2016年6月第1版
2. 供应链管理实务	张远昌	48.00元	978-7-5175-0051-3	2015年4月第1版
3. 电子口岸实务（第二版）	林青	35.00元	978-7-5175-0027-8	2014年6月第2版
4. 报检实务（第二版）	孔德民	38.00元	978-7-80165-999-6	2014年3月第2版
5. 进出口商品归类实务（第二版）	林 青	45.00元	978-7-80165-902-6	2013年1月第2版
6. 现代关税实务（第2版）	李 齐	35.00元	978-7-80165-862-3	2012年1月第2版
7. 国际贸易单证实务（第2版）	丁行政	45.00元	978-7-80165-855-5	2012年1月第2版
8. 报关实务（第3版）	杨鹏强	45.00元	978-7-80165-825-8	2011年9月第3版
9. 海关概论（第2版）	王意家	36.00元	978-7-80165-805-0	2011年4月第2版
10. 国际集装箱班轮运输实务	林益松 郑海棠	43.00元	978-7-80165-770-1	2010年9月第1版
11. 国际货运代理操作实务	杨鹏强	45.00元	978-7-80165-709-1	2010年1月第1版
12. 航空货运代理实务	杨鹏强	37.00元	978-7-80165-707-7	2010年1月第1版
13. 进出口商品归类实务——实训题参考答案	林 青	12.00元	978-7-80165-692-6	2009年12月第1版

“精讲型”国际贸易核心课程教材

书名	作者	定价	书号	出版时间
1. 国际货运代理实务精讲（第二版）	杨占林 汤 兴 官敏发	48.00元	978-7-5175-0147-3	2016年8月第2版

书名	作者	定价	书号	出版时间
2. 海关法教程（第三版）	刘达芳	45.00 元	978-7-5175-0113-8	2016 年 4 月第 3 版
3. 国际电子商务实务精讲（第二版）	冯晓宁	45.00 元	978-7-5175-0092-6	2016 年 3 月第 2 版
4. 国际贸易单证精讲（第 4 版）	田运银	45.00 元	978-7-5175-0058-2	2015 年 6 月第 4 版
5. 国际贸易操作实训精讲（第 2 版）	田运银 胡少甫 史 理 朱东红	48.00 元	978-7-5175-0052-0	2015 年 2 月第 2 版
6. 国际贸易实务精讲（第 6 版）	田运银	48.00 元	978-7-5175-0032-2	2014 年 8 月第 6 版
7. 进出口商品归类实务精讲	倪淑如 倪 波 田运银	48.00 元	978-7-5175-0016-2	2014 年 7 月第 1 版
8. 外贸单证实训精讲	龚玉和 齐朝阳	42.00 元	978-7-80165-937-8	2013 年 4 月第 1 版
9. 外贸英语函电实务精讲	傅龙海	42.00 元	978-7-80165-935-4	2013 年 2 月第 1 版
10. 国际结算实务精讲	庄乐梅 李 菁	49.80 元	978-7-80165-929-3	2013 年 1 月第 1 版
11. 报关实务精讲	孔德民	48.00 元	978-7-80165-886-9	2012 年 6 月第 1 版
12. 国际商务谈判实务精讲	王 慧 唐力忻	26.00 元	978-7-80165-826-5	2011 年 9 月第 1 版
13. 国际会展实务精讲	王重和	38.00 元	978-7-80165-807-4	2011 年 5 月第 1 版
14. 国际贸易实务疑难解答	田运银	20.00 元	978-7-80165-718-3	2010 年 9 月第 1 版
15. 集装箱运输系统与操作实务精讲	田聿新 杨永志	38.00 元	978-7-80165-642-1	2009 年 7 月第 1 版

“实用型”国际贸易课程教材

1. 海关报关实务	倪淑如 倪 波	48.00 元	978-7-5175-0150-3	2016 年 9 月第 1 版
2. 国际金融实务	李 齐 唐晓林	48.00 元	978-7-5175-0134-3	2016 年 6 月第 1 版
3. 外贸跟单实务	罗 艳	48.00 元	978-7-80165-954-5	2013 年 8 月第 1 版
4. 国际贸易实务	丁行政 罗艳	48.00 元	978-7-80165-962-0	2013 年 8 月第 1 版

电子商务大讲堂·外贸培训专用

1. 外贸操作实务	本书编委会	30.00 元	978-7-80165-621-6	2009 年 5 月第 1 版
2. 网上外贸——如何高效获取订单	本书编委会	30.00 元	978-7-80165-620-9	2009 年 5 月第 1 版
3. 出口营销指南	本书编委会	30.00 元	978-7-80165-619-3	2009 年 5 月第 1 版
4. 外贸实战与技巧	本书编委会	30.00 元	978-7-80165-622-3	2009 年 5 月第 1 版

中小企业财会实务操作系列丛书

1. 小企业会计疑难解惑 300 例	刘华 刘方周	39.80 元	978-7-80165-845-6	2012 年 1 月第 1 版
2. 做顶尖成本会计应知应会 150 问	张 胜	38.00 元	978-7-80165-819-7	2011 年 8 月第 1 版
3. 会计实务操作一本通	吴虹雁	35.00 元	978-7-80165-751-0	2010 年 8 月第 1 版